ILUSTRAÇÃO E ARTES GRÁFICAS

Periódicos da Biblioteca Pública do Estado de Pernambuco {1875-1939}

Blucher

Ilustração e artes gráficas – periódicos da Biblioteca Pública do Estado de Pernambuco (1875-1939)

© 2014 Sebastião Cavalcante
     Silvio Barreto Campello
Editora Edgard Blücher Ltda.

PESQUISA E TEXTOS
Sebastião Antunes Cavalcante
Silvio Romero Botelho Barreto Campello

REGISTRO FOTOGRÁFICO
Sebastião Antunes Cavalcante

ASSISTÊNCIA DE PESQUISA
Bruno Aroucha

CAPA E PROJETO GRÁFICO
Matheus Barbosa
Sebastião Antunes Cavalcante

TRATAMENTO DE IMAGEM
Sebastião Antunes Cavalcante
Demóstenes Coelho

PRODUÇÃO EXECUTIVA
Sandro Lins Rodrigues

REVISÃO DE TEXTO
Malthus de Queiroz
Catarina Santos de Queiroz
Jonatas Eliakim

ASSESSORIA DE IMPRENSA
Lula Portela - Verbo Assessoria

IMPRESSÃO
Gráfica FacForm

Blucher

Rua Pedroso Alvarenga, 1245, 4º andar
04531-012 – São Paulo – SP – Brasil
Tel 55 11 3078-5366
contato@blucher.com.br
www.blucher.com.br

Segundo o Novo Acordo Ortográfico, conforme 5ª ed. do *Vocabulário Ortográfico da Língua Portuguesa*, Academia Brasileira de Letras, março de 2009.

Cavalcante, Sebastião Antunes
      Ilustração e artes gráficas: periódicos da Biblioteca Pública do Estado de Pernambuco {1875–1939} / Sebastião Antunes Cavalcante, Silvio Romero Botelho Barreto Campello. · São Paulo: Blucher, 2014.
      120 p.; il. color.

      Bibliografia
      ISBN 978-85-212-0869-3

      1. Biblioteca Pública do Estado de Pernambuco - Periódicos ilustrados 2. Artes gráficas – Brasil – História 3. Periódicos – Ilustrações 4. Ilustração brasileira (revistas) 5. Imprensa – Brasil – História I. Título II. Campello, Silvio Romero Botelho Barreto

14-0609   CDD 760.0981

      Índices para catálogo sistemático:
1.   Artes gráficas – Brasil – História

Agradecemos imensamente ao *Fundo Pernambucano de Incentivo à Cultura* (Funcultura), sem o qual esta publicação não seria possível. A toda a dedicada equipe da *Biblioteca Pública do Estado de Pernambuco*. Em especial à professora Lúcia Roberta Guedes Alcoforado, e às bibliotecárias Maria Lúcia Bezerra Ferreira e Poliana do Nascimento Silva. A Luciene Pontes, aos bolsistas das diversas etapas da pesquisa ICP, a Isabella Aragão, Solange Coutinho e Hans Waechter, a Marcos da Costa Braga, ao CNPq e a Capes. A Matheus Barbosa, Bruno Aroucha, Fátima Finizola, Cecília Pessoa, Zé Cahuê, Luiz Santos, Wilton de Souza, Eduardo Souza e Betânia Araújo, Rita Araújo, Henrique Nardi, Sandro Lins Rodrigues, Isabela Stampanoni, Sérgio Semião, Lula Portela e Verbo Assessoria, Malthus de Queiroz e Catarina Santos de Queiroz, Renato e Francisco de Assis, e a toda a equipe da Gráfica FacForm.

A BIBLIOTECA PÚBLICA E A MEMÓRIA GRÁFICA DE PERNAMBUCO

Travamos os primeiros contatos com o acervo da *Biblioteca Pública do Estado de Pernambuco* (BPE) durante a etapa inicial de pesquisa para o mestrado em Design da UFPE. À medida que as visitas se tornaram mais frequentes às coleções de Obras Raras, Coleção Pernambucana e de Periódicos, nos demos conta da magnitude do acervo.

Situada no bairro de Santo Amaro, a BPE cumpre papel fundamental para a identidade e memória de nosso povo. Notabiliza-se como uma das mais ricas do Brasil em edições raras, tendo um acervo estimado em 270 mil livros e 370 mil volumes de periódicos. Mantém salvaguardados jornais do início da imprensa periódica local, obras do período colonial e do império, incluindo o período holandês no estado. Sua história se inicia em 1852, como *Biblioteca Pública Provincial*. Sediada inicialmente nas dependências do Liceu Provincial, passa a se chamar *Biblioteca Pública do Estado de Pernambuco* a partir da Proclamação da República. Após algumas mudanças, o projeto de sua sede atual, um marco da arquitetura moderna de Pernambuco, tem início em 1968 e em 1971 é transferida definitivamente para o atual endereço, no bairro de Santo Amaro, em frente ao Parque 13 de Maio (www.biblioteca.pe.gov.br/).

Há em seu espaço um vasto material de pesquisa. Entre livros raros e outros artefatos, encontra-se o conjunto de publicações periódicas que aqui apresentamos, onde nos deparamos com uma quantidade valiosa de elementos gráficos. Imagens cujo impacto visual nos salta aos olhos pela beleza e variedades estéticas e demonstram a importância desta produção para a cultura gráfica e artística do estado. À medida que aprofundamos o olhar, através de registros fotográficos e leituras, nos demos conta de um

[Fig. 01, Revista de Pernambuco, 1925]

cenário pujante de produções periódicas locais. Revistas de variados temas e segmentos, como as de carnaval, de cinema, de "mundanalidades" e "artes e letras". Uma parte significativa da memória do Design e das Artes Gráficas do Recife e Pernambuco guardada e, até então, praticamente desconhecida. O nosso olhar, uma vez perdido entre tanta informação, tinha agora o foco na produção de artes gráficas destas publicações.

Pernambuco: memória e tradição gráfica

Assim como em todo o Brasil, a prática gráfica em Pernambuco começou bastante tarde se comparada ao restante das colônias nas Américas. Em algumas, com mais de dois séculos de diferença. É no ano de 1808, junto com a família real portuguesa, que aporta o primeiro complexo gráfico, com máquinas tipográficas e equipamentos para gravura em metal, dedicados às demandas da chamada Imprensa Régia. No Recife, chegaria sete anos depois e somente em 1817 produziria seu primeiro impresso. Apesar de tardia, esta nova lógica de comunicação se desenvolveria de forma relativamente rápida. Há registros de que em Pernambuco, entre os anos de 1821 e 1830, foram lançadas 27 publicações periódicas, com um aumento crescente nas duas décadas seguintes, registrando 67 publicações entre 1831 e 1840, e 122 entre 1841 e 1850[1].

Junto a todo o bojo de ideias liberais que transformariam as urbes brasileiras a partir da segunda metade do século XIX, a jovem indústria gráfica pernambucana participaria ativamente do cenário urbano que se desenhava. Jornais e revistas movimentavam a ordem social, e em meio aos avanços tecnológicos para reprodução de imagens – tal como a técnica litográfica – surgiram então

as chamadas revistas ilustradas. A notícia rápida e textos de fácil leitura, associados às vinhetas, às caricaturas e às demais ilustrações, faziam das revistas e jornais um importante meio de comunicação de massas. Neste novo cenário urbano, culturas profissionais como a dos mestres de ofício caminharam para seu fim, ao passo que outras surgiram com força, como aquelas ligadas às atividades da indústria gráfica. Nela, se fazia necessária uma estrutura organizacional de processos relativamente massificados, divididos em etapas de produção, e o trabalho conjunto de vários profissionais: tipógrafos, impressores, ilustradores, caricaturistas, coloristas, gravadores e clicheristas. Assim, com a crescente demanda pela produção de imagens e textos impressos, profissionais dotados de habilidades artísticas foram naturalmente sendo incorporados e principalmente formados. Passaram a empregar suas técnicas para solucionar problemas essencialmente visuais da página impressa, onde muitas vezes se estabelecia um diálogo entre o texto e a imagem.

Os artistas gráficos, como era comum chamá-los, já desenvolviam uma prática que em muito tem a ver com o que hoje atribuímos ao profissional de Design Gráfico, muito antes do início do século XX. E na imprensa periódica desenvolveram importante papel, traduzindo em imagens o comportamento de sua época e dando soluções para complexos de informação visual em diálogo com o texto. Capistas, caricaturistas, desenhistas, editores de arte, em sua maioria, tinham formação livre ou formalmente através de disciplinas artísticas como o desenho e a pintura. Na virada do século XX, a introdução dos clichês a traço e fotográficos gera uma mudança de linguagem gráfica percebida nos exemplos deste livro. O material aqui

1. (NASCIMENTO: 1969).

[Fig. 02, Revista de Pernambuco, 1925]

Repartição de Publicações Officiaes

Secção Technica

1 — Secção de composição.

2 — Secção de linotypia.

3 — Minervas de impressão.

4 — Vista parcial da machina "Babcock", onde é impressa a "Revista de Pernambuco".

exposto sugere que o profissional de artes gráficas, especialmente o que lidava com as imagens e sua relação com o texto, foi qualitativamente alterado, tornando-se menos artístico e mais técnico num primeiro momento. É fácil entender esse fenômeno se lembrarmos que a relação entre texto e imagem tornou-se mais complexa, mais explícita, com a imagem vindo composta junto com o texto tipográfico de maneira mais frequente. O conhecimento necessário à produção de imagens envolvia não mais apenas a habilidade de configurá-las, mas também a de como traduzi-las de forma mecânica através de revelações e reticulagens. Contudo, também é possível perceber que, passado um primeiro momento em que os profissionais experimentam ativamente – e algumas vezes ingenuamente – as soluções que as novas técnicas possibilitam, uma certa maestria artística volta a se impor como atestam as capas e anúncios produzidos entre as décadas de 1920 e 1940.

Este é o cenário que se depreende desta pequena amostra da tradição gráfica desenvolvida em Pernambuco entre o último quarto do século XIX e a primeira metade do século XX. Uma tradição que está ainda a ser estabelecida de maneira mais completa. Especialmente com o olhar sobre a qualidade das soluções formais e suas relações com as técnicas de impressão, das relações hierárquicas dos elementos verbais e pictográficos, entre o texto e as imagens e suas funções na organização da informação. Comum a outros grandes centros urbanos brasileiros, é um caminho que aqui completará 200 anos em 2017, e, infelizmente, ainda é pouco conhecido.

Acreditamos ser necessário descobrir os anônimos, preencher as lacunas dessa linha do tempo e divulgar melhor nomes como o de José Maria de Albuquerque e Melo. Herdeiro de uma tradição gráfica familiar e fundador da *Revista do Norte* (1923), importante periódico de matérias culturais em que se revelaram o poeta/desenhista Joaquim Cardoso e o pintor/artista gráfico Manoel Bandeira, definitivamente um dos mais talentosos e prolíficos artistas gráficos entre as décadas de 1920 e 1950. Ou o de Vicente do Rego Monteiro, importante pioneiro do Modernismo brasileiro, que também trabalhou para a indústria gráfica, bem como o de Lula Cardoso Ayres, destaque nas artes plásticas, cuja atuação como designer já foi comprovada em pesquisas recentes.

Gente do quilate de Orlando da Costa Ferreira, de Gastão de Holanda ou de José Laurênio de Melo, companheiros de Aloísio Magalhães n'*O Gráfico Amador* (1954–61). O primeiro, um bibliófilo autêntico, diretor do suplemento literário do *Jornal do Commercio* em 1963, no qual manteve uma seção chamada "*Alfabeto e Imagem*", e autor do livro *Imagem e Letra: introdução à bibliologia brasileira – A imagem gravada* (1975), primeiro de uma série dedicada à história e aos processos de produção do livro. Gastão de Holanda, entre outras coisas, foi responsável pelo curso de artes gráficas da Escola de Belas Artes do Recife, o qual lançou as bases para o primeiro curso superior voltado exclusivamente à Comunicação Visual do Brasil (1972).

Tornar pública a trajetória profissional de Wilton de Souza nos chama especialmente a atenção, pois nos demonstra o quanto o universo artes plásticas/artes gráficas era um só, apesar das divisões sociais. Participante do Ateliê Coletivo, junto com seu irmão Wellington Virgolino, entre outros artistas, como Corbiniano, Abelardo da Hora e José Claudio, mas diferente dos demais, Wilton não se ateve unicamente às atividades da pintura, desenho e escultura. Enveredou por quase todas as atividades da cadeia produtiva da arte: também foi crítico, galerista, pesquisador, e atualmente trabalha como gestor. Por consequência, também trabalhou como cenógrafo, decorador, ilustrador, capista e designer, com destaque para sua passagem pela fábrica de discos Rozenblit. Sua trajetória nos confirma o conceito de que, antes de se propor uma divisão - nem sempre muito clara - entre as práticas artísticas e o que seria o ofício do design, já existiam designers.

Além dos personagens, há a necessidade de pesquisar sobre a história das técnicas. Hoje sabemos mais sobre a tipografia e a litografia, que em Pernambuco configuraram-se como indústrias relevantes. Mas sabemos muito pouco sobre a introdução do *offset*, bem como sobre a autotipia, processo comumente chamado de *clicheria*, considerada o passo fundamental para o surgimento da atividade profissional do fotojornalista. Há também a tarefa de registrar práticas gráficas que tendem a desaparecer ou perder relevância, como vem sendo feito com as origens dos processos populares de letreiramento e sua atual transformação para os meios digitais, permitindo construir pontes entre o legado de nosso passado e as manifestações do presente.

Estes recortes sobre a memória das artes gráficas de Pernambuco, são frutos de pesquisas recentes no campo do Design. Convencionou-se chamar *Memória Gráfica Brasileira* esta linha de pesquisa, que tem como objetivo conhecer e se aprofundar nas manifestações gráficas relacionadas à memória, à paisagem urbana e suas identidades[2]. Uma das primeiras convenções derivadas destas pesquisas é a ruptura com o conceito de que a trajetória do Design no Brasil, enquanto atividade profissional, começaria somente a partir dos anos 1960. Nos chamam a atenção pela qualidade dos materiais encontrados, ao mesmo tempo que nos alertam para a quantidade ainda a ser descoberta[3], como

se visualizássemos uma espécie de linha do tempo com lacunas abertas. Há já certas relações estabelecidas entre os espaços preenchidos. E à medida que completamos melhor os espaços em branco, mais encontramos perguntas.

Uma boa parte das respostas se encontra no resultado gráfico que visualizamos em capas, composições tipográficas e outros elementos componentes de um periódico. Nestas imagens, compreendemos mais sobre o valor do trabalho dos artistas gráficos. Em face do pouco tempo de produção - haja vista a periodicidade das publicações - e da pressão por atender o gosto do leitor, ficava sob sua responsabilidade o diálogo entre estéticas contemporâneas, valores culturais e o tema proposto, além de construir estruturas gráficas capazes de dialogar com o texto, dentro das limitações técnicas. No mesmo sentido, contemplamos obras que eventualmente nos saltam aos olhos pelo apuro técnico, seja pela riqueza das composições, pela beleza do traço, pelo uso inteligente das cores, ou forte expressividade. Conjunto representativo das artes gráficas locais, este grupo de imagens também nos provê de aspectos simbólicos que nos pertencem, carregam em si peculiaridades de nossa memória social, econômica e cultural.

É por este caminho que percorremos as próximas páginas. Propomos evidenciar uma parte importante da memória das artes gráficas do Estado de Pernambuco, por meio da observação da imagem. Foram selecionadas e digitalizadas manifestações gráficas em 43 títulos de periódicos, entre os anos de 1875 e 1940. Alguns destes, entre periodicidades mensais, quinzenais e semanais, tiveram vários números registrados, como a *Revista de Pernambuco*, que perdurou de 1924 a 1926. Um recorte com uma quantidade tão diversa de informações, quanto de possibilidades de abordagens. Portanto, longe de ser um olhar definitivo, propomos nestas

2. http://dgp.cnpq.br/buscaoperacional/detalhegrupo.jsp?grupo=01116123DOY5F9#rh

3. Para uma leitura mais aprofundada, consultar as referências bibliográficas.

120 páginas uma abordagem ampla que toca apenas a superfície, a partir do teor expressivo deste conjunto de imagens. Procuramos então apresentá-las, pontuando em legendas um pouco sobre sua importância e contexto, bem como sua origem - de qual periódico foi extraído - e ano de produção e, em alguns casos, também sua autoria (infelizmente, nem todos os trabalhos puderam ser devidamente creditados). Nos textos introdutórios, consideramos fatores como as tecnologias de impressão disponíveis (suas limitações e possibilidades de gravação). Também pontuamos dados como tendências artísticas da época e o volume de produção de periódicos. Peculiaridades de cada conjunto também são comentadas, tais como as temáticas das revistas, e a maior ou menor incidência de elementos gráficos em determinado periódico.

Desta forma, dividimos todo o conjunto em seis capítulos temáticos. Rumo ao século XX; Caricaturas e charges; Capas; Composições com imagem fotográfica; Composições com tipos móveis e letreiramentos; e Propagandas.

A opção clara de dividirmos por temas relacionados a suas funções e similaridades formais se deve à vontade de trazer à tona as potencialidades deste material. Basicamente, mostrar que ele existe. Há também certos critérios de subdivisão, próprios em cada capítulo. Estes foram naturalmente surgindo, de acordo com particularidades dos grupos. Como no caso do capítulo de propagandas, em que optamos por subdividir de acordo com o tipo de produto. Desta forma, temos a possibilidade de refletir sobre este recorte ora comparando, ora os distinguindo entre si. A propósito, o primeiro capítulo destoa um pouco desta ideia, mas não tanto, pois reflete de forma condensada a estrutura do resto do livro. Este foi um período menos explorado dentro da pesquisa, que teve maior foco nas primeiras décadas do século XX. Ao mesmo tempo, os finais

do século XIX marcaram um período um tanto distinto dos demais. Tanto graficamente, como em termos de tecnologias de impressão. Apesar disto, sabe-se da existência de um número maior de publicações deste período.

De forma que já fica a sugestão para uma pesquisa mais aprofundada sobre um recorte local, anterior ao século XX. Afinal, há ainda muito material a ser descoberto. No mesmo sentido, também acreditamos, o contato com as imagens deste livro instigará futuros pesquisadores a se aprofundarem nos temas específicos. Além de termos o anseio que este objeto impresso seja um ponto de partida para que o leitor se sinta mais à vontade em visitar a BPE, a fim de conhecer mais sobre a instituição e se deleitar com seu acervo.

Sebastião Cavalcante & Silvio Barreto Campello

[Fig. 03, Revista de Pernambuco, 1925]

RUMO AO SÉCULO XX

Além de retratar um momento de nossa história, permitindo identificar costumes e modos de pensar de uma sociedade que aos poucos abandona um modelo agrário e caminha para um estágio pré-industrial, os periódicos do acervo da BPE do século XIX registram o percurso de práticas e do desenvolvimento técnico da indústria gráfica pernambucana. Através deles é possível ver uma linguagem gráfica sendo construída, com experimentações e consolidações se montando aos poucos e outras sendo abandonadas. Tome-se por exemplo a prática de composição de imagens como a que se pode observar na fig 9. Este é um design que encontra reflexos em composições com fotografias (autotipias) realizadas nos periódicos do início do século XX. Pode-se até supor, a partir dos exemplos encontrados, que, com a introdução de retículas e a facilidade maior de reproduzir fotografias impressas, essa prática se intensificou e tornou-se solução frequente para quando havia a necessidade de se trabalhar com um conjunto de fotos relativas a um mesmo evento.

Último quarto do século XIX. Primeiro trimestre de 1875. Um semanário se autointitula infernal. Em suas páginas, um humor ácido se expressa entre formas e versos, nos traços de litografias detalhadas, nos textos talvez ingênuos aos olhos de um cidadão do século XXI. Porém, certamente ingenuidade não foi a impressão dos recifenses diante da cabeça de um fauno, ostentando o ano e número da publicação em suas mandíbulas. As mudanças por que passa a sociedade brasileira e a aproximação do século XX parecem inspirar a imaginação dos redatores. A crítica aos costumes, o exercício da cidadania, os avanços tecnológicos, todos permeiam a produção do período. A busca por uma nova linguagem em uma nova forma de produzir notícias é clara.

As páginas fartamente ilustradas dos periódicos produzidos neste período revelam detalhes que atestam tanto a qualidade de seus artistas quanto um conjunto de práticas gráficas que se tornariam comuns no século XX. A primeira constatação que nos salta aos olhos é a forte presença da litografia como principal técnica de representação da realidade. Sem contar com técnicas de gravação que pudessem traduzir fotografias em matrizes para impressão, desenvolvidas ao longo daquele final de século nos países centrais e aqui chegadas somente na virada para o século XX, a litografia permaneceu a técnica por excelência para capturar a realidade. Isto implicava em uma dependência do olhar e da mão dos artistas que retratavam a essência dos personagens, mesmo quando caricaturados. É óbvia a intenção de ser ferramenta de representação, papel que vai gradativamente sendo delegado aos clichês em metal à medida que a gravação fotomecânica vai se desenvolvendo. Quanto mais se aproximam os anos 1900s, mais frequente se tornam os clichês. Primeiro na forma de gravação de artes a traço, depois com a incorporação das retículas, permitindo a transposição de fotografias para uma matriz metálica e em alto-relevo. Essa qualidade permitiu ao parque gráfico tratar textos – essencialmente compostos com tipos em metal – e imagens de uma mesma maneira, imprimindo-os ao mesmo tempo em uma única impressão, em vez da necessidade de processos distintos e tempos de impressão diferentes, como era o caso em que textos eram impressos em tipografia e imagens em litografia. Uma clara vantagem para a indústria, apesar de uma certa perda na qualidade estética em um primeiro momento.

Um segundo aspecto visível é a da articulação texto-imagem. Há claramente uma separação entre os elementos, mesmo quando realizada através da mesma técnica, como são os casos de charges em litografia com seus textos corridos abaixo da imagem. A rigor, textos escritos ou desenhados na matriz litográfica poderiam estar incorporados à área da imagem, numa linguagem mais próxima dos quadrinhos ou pôsteres. Mas isso não ocorre. Há uma espécie de barreira conceitual que não permite conceber textos e imagens como uma matéria única, mas sim como elementos de naturezas distintas. Essa barreira só parece ceder quando se tratam dos títulos dos periódicos ou em algumas raras publicidades. Nestes casos, o tratamento dos textos ganha qualidade de imagem, com grande versatilidade de formas e texturas. Este aspecto perdurará durante muitas décadas na indústria litográfica do estado, sendo visível inclusive em rótulos de bebidas produzidas pela técnica até a década de 1970.[1] Porém, esta tendência também tende a diminuir à medida que o século XX se aproxima e os clichês começam a dominar o cenário.

Ao se deparar com as coleções de periódicos da BPE, é praticamente impossível não se confrontar com estas questões. A riqueza de informações presentes no acervo permite uma leitura variada, enfatizando aspectos sob diversos olhares. O que a nós parece, quando olhamos para a produção do último quarto do século XIX, é que redatores, artistas e impressores empenhavam-se em realizar um produto de qualidade, inovador e de impacto. Todas qualidades essenciais para uma comunicação de massa, ágil e sedutora, como precisam ser ainda hoje os periódicos do século XXI.

1. Para uma compreensão mais detalhada sobre esse aspecto consultar *Imagens Comerciais de Pernambuco: ensaios sobre os efêmeros da Guaianases*. 1. ed. Recife: Néctar, 2011.

fig. 1

[Fig. 1] Detalhe da capa nº 12 *d'O Diabo a Quatro*, de 1875. Esmaecido, no canto esquerdo, podemos ver o registro da Litografia de J. E. Purcell, que faz questão de frisar a força-motriz do empreendimento: a vapor.

[Fig. 2] Capa *d'O Diabo a Quatro* nº 12, 1875.

[Fig. 3, (a) e (c) *O Diabo a Quatro*, nº 105, 1877, e nº 180, 1878; (b) e (d) *A Exposição*, nº 19, 1888, e nº 21, 1888; (e) e (f) *O Tamoyo*, nº 11, 1890, e nº 17, 1891.] Alguns exemplos de capas dos periódicos do século XIX. Note-se a qualidade das representações e caracterização de personagens. A importância da indústria litográfica pode ser atestada na capa *d'A Exposição* nº19, onde se vê o rol de serviços prestados.

fig. 2

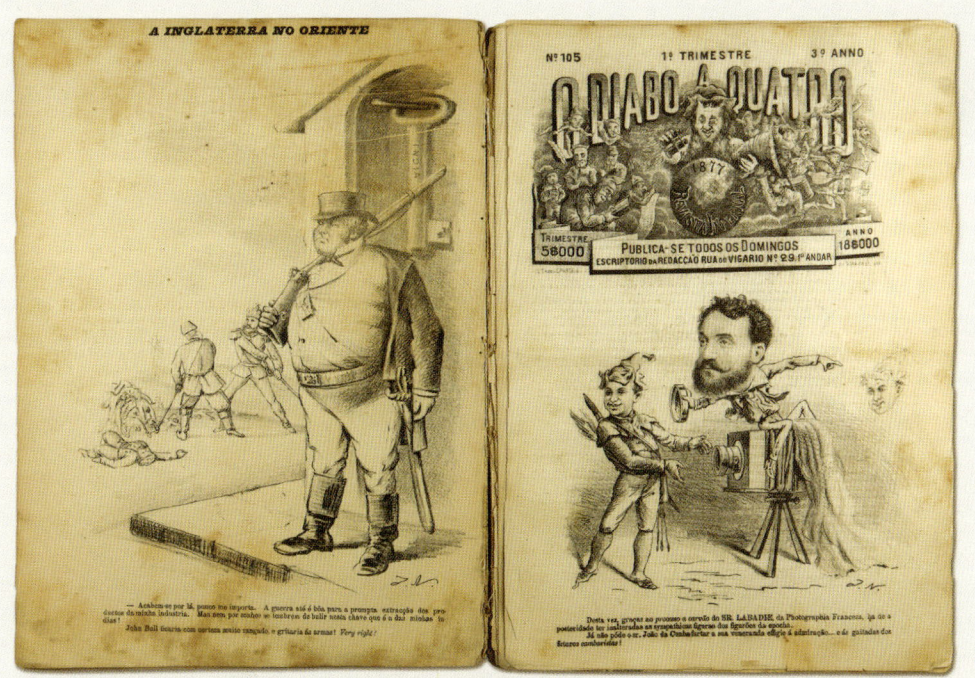

fig. 3, a

b

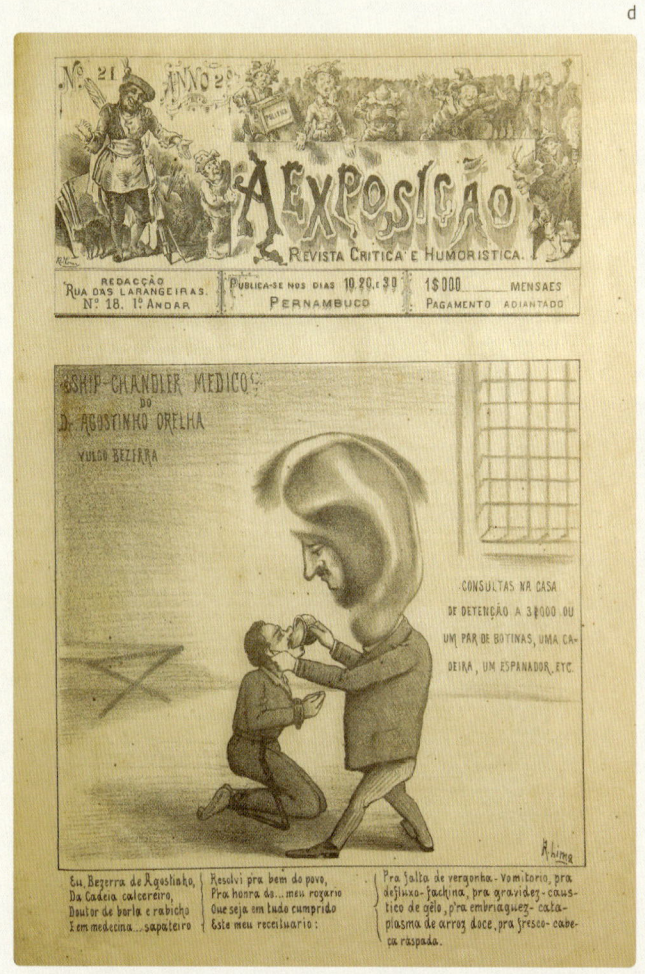

e

On y sait qu'y mal il pense.

f

CORRESPONDENCIA DA VICTORIA
(UM MAGISTRADO INTEGERRIMO)

EM PUBLICO

" Um juiz honrado não recebe cartas quando preside ao jury. "

HOJE

EM CASA

" Ha influencias.... "

d

UM CASAMENTO NO SOBRADO GRANDE

[Fig. 4, Charges d'*O Diabo a Quatro*] Sem contar com processos fotomecânicos na época, a litografia era usada para representar personagens reais. A caracterização em detalhes permite intuir que os representados de fato existiam, mesmo sem saber de quem se trata.

fig. 5, a

b

c

— Nem p'ra frente, nem p'ra traz... fico aqui... isto é, conforme as aguas.

d

f

e

g

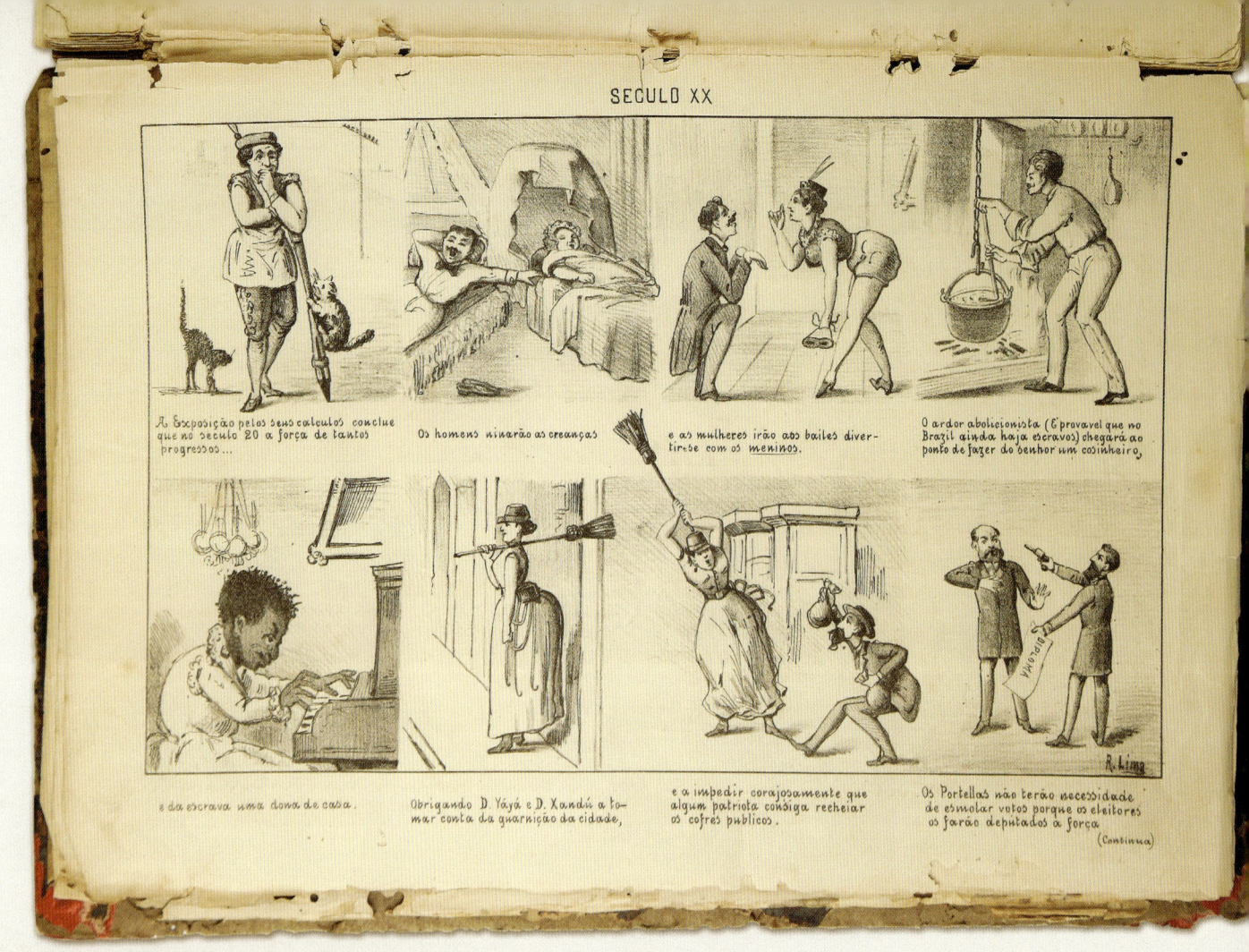

fig. 6, a

[Fig 6] Quarta capa do nº 1 (a) e página interna do nº 2 (b) d'*A Exposição*, 1887, mostrando suas previsões para o século XX. A estrutura gráfica já apresenta a ideia de quadro cênico, presente no que veio a ser conhecido como HQs, mas ainda não incorpora o tempo narrativo.

b

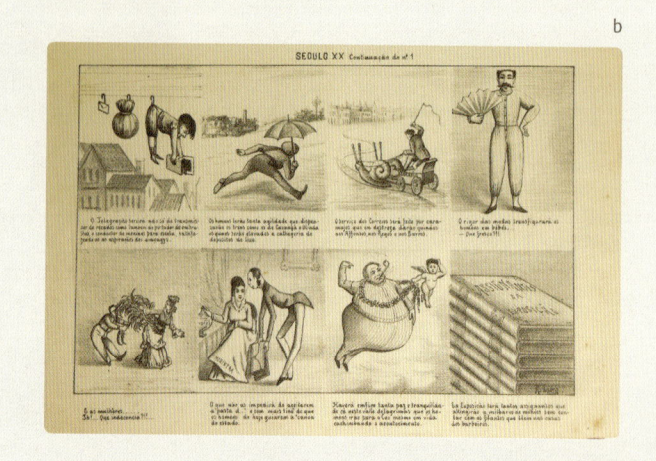

fig. 7

fig. 8

[Fig 7] Página interna do nº 152 d'*O Diabo a Quatro*. Além da crítica sintética, caracterizada simplesmente pela disputa em torno de uma questão representada na forma de alegoria, observamos uma composição composta que irá encontrar reflexos em composições fotográficas em revistas do século XX.

[Fig 9] Página dupla do nº 3 d'*A Exposição*. Aqui o conceito de tempo narrativo esboça-se na sequência de quadros das "bailarinas".

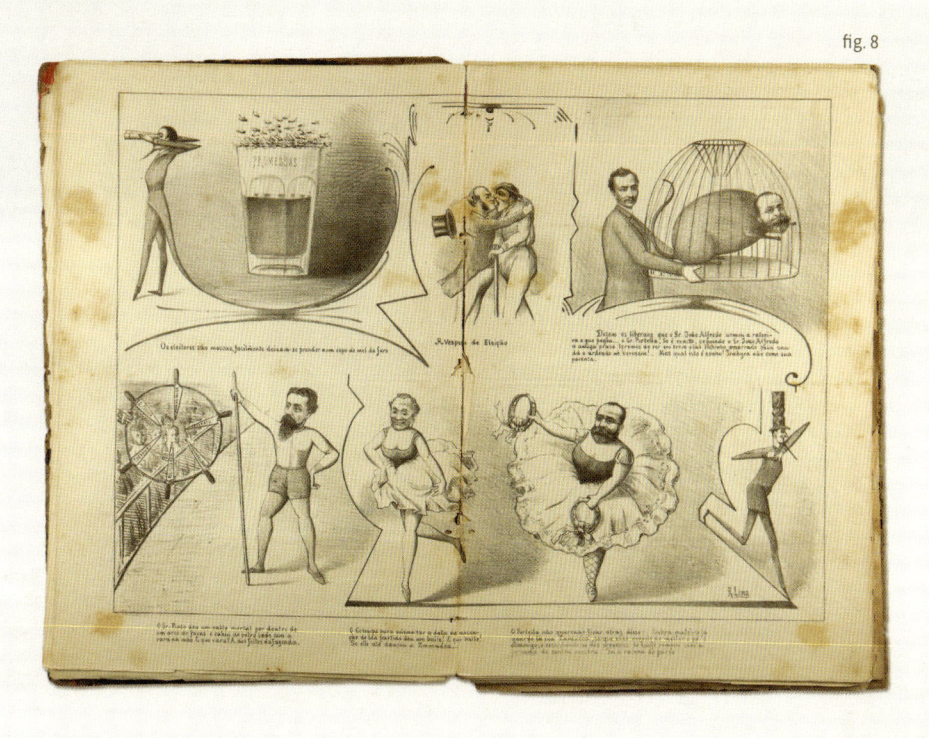

[Fig 10] Títulos da revista *O Diabo a Quatro*. Percebe-se que na edição nº 34 de 1876 (a) o desenho encontrado no nº 12 (Fig. 3) permanece inalterado, apenas modificado pela inclusão da data dentro do globo. Já nas edições nº 105, de 1877 (b), e nº 183, de 1879 (c), o desenho foi refeito, mantendo essencialmente o conteúdo e retirando a cabeça de fauno presente no primeiro ano.

[Fig 11] Títulos das revistas *A Exposição* (a) nº 1, 1887, *O Tamoyo* (b) nº 6, 1890 e *Revista Pernambucana* (c), nº 3, 1902. Note-se a liberdade no letreiramento dos 2 primeiros em comparação com o terceiro, executado em tipos móveis de metal. O estilo dos primeiros, bem como aqueles d'*O Diabo a Quatro*, remete ao design de rótulos de cachaça das décadas de 1940–70 em Pernambuco.

fig. 10, a

b

c

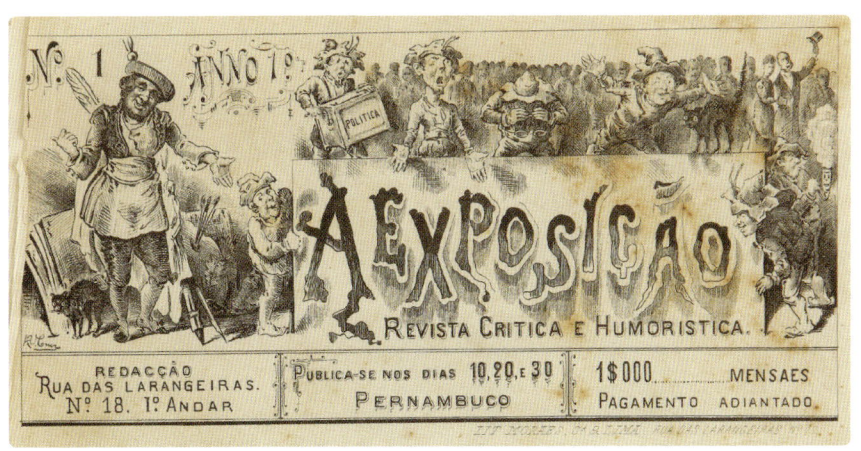

fig. 11, a

b

c

CARICATURAS E CHARGES

A produção de caricaturas no Brasil tem uma trajetória que se inicia entre as décadas de 1820 e 1830, tendo sido a xilogravura a técnica utilizada. No dia 22 de julho de 1822, Manoel Paulo Quintela publica *O Marimbondo*, periódico pernambucano que continha em seu cabeçalho a imagem de um corcunda rodeado de marimbondos. Já representando uma crítica política, em que o corcunda tomava o lugar do português, atacado pelos marimbondos brasileiros. Ainda se destacam pelo pioneirismo local os jornais *O Carcundão* - alfarrábio velho por 40 réis, lançado a 25 de abril de 1831, e *O Carapuceiro* - Periódico sempre moral e, só *per acidens* político, datado de 7 de abril de 1832. Entre as décadas de 1900 e 1930, encontramos temas variados dentro do universo da caricatura local, tais como personalidades, figuras do povo, autoretrato de artistas e o carnaval.

A *Revista Pernambucana* (1902) traz desenhos de "Caricaturistas Fluminenses", bem como a *Revista do Norte* (1923), que reverencia por mais de uma vez seus artistas colaboradores. A *Revista Moderna* (1906) nos mostra seus interessantes "Typos da rua", com um olhar sobre os arquétipos populares e suas peculiaridades. Vemos também a folia de momo representada em revistas de carnaval e figuras políticas, bem como suas críticas. Há predominância de caricaturas, com uma ocorrência de charges em alguns dos periódicos. E um só quadrinho encontrado, na revista *Rua Nova*, 1926. Ainda assim, digno de destaque por sua sofisticação narrativa. Algumas das caricaturas e charges não são assinadas, outras são assinadas com uma interrogação, que nos sugere a opção do anonimato pelo teor político de sua criação. Destacam-se os nomes de Victoriano Lima para as revistas *Vida Moderna* (1919) e *Revista do Norte* (1923). Esta, editada por José Maria de Albuquerquer e Melo, revelou nomes importantes das artes gráficas, literatura e poesia do estado, como Joaquim Cardozo e Manoel Bandeira, bem como registrou em suas páginas momentos importantes para a memória cultural de Pernambuco. Ainda se destacam na caricatura Herculano de Albuquerque (Guapy), para Revista Moderna (1906), e Pierre, para *Vida Moderna* (1906).

Entre os temas e seus autores, percebemos a existência de certos estilos de traço, que, em sua maioria, variam de acordo com o periódico publicado. Ora são mais simplificados a uma silhueta, ora dotados de volumetrias sem contorno. Ora obedecem à técnica do desenho a traço no seu sentido mais detalhado e rigoroso, ora denotam formas por contornos deformados, uns beirando o tosco. Foi natural, então, propor uma subdivisão dos grupos de imagens pelas próprias revistas, por perceber que em cada uma havia uma certa unidade, entre as temáticas e os estilos desenvolvidos. Por consequência, também temos um pequeno panorama cronológico, entre 1902 e 1936. Podemos afirmar que a maioria destas caricaturas foi impressa a partir de um clichê, matriz produzida pelo processo de revelação conhecido como autotipia.

Pouco ainda se sabe sobre a chegada desta técnica no Estado. Popularmente conhecida como clicheria, este processo gráfico consiste na produção (revelação fotomecânica) de uma matriz em chapa de ligas metálicas de cobre ou zinco - o chamado clichê -. Diferente da matriz em pedra litográfica, o processo de produção da matriz é mais ágil e preciso, pois não depende de manufatura, e já reproduzia tanto desenhos como imagens fotográficas. A técnica litográfica já nos apresentava uma fabulosa qualidade de reprodução de imagens, ainda com sérias dificuldades de interação com o texto impresso por tipos móveis. Este talvez tenha sido o grande avanço proporcionado pela invenção do clichê: a integração com os processos de composição e impressão das máquinas tipográficas, possibilitando que a imagem fosse impressa junto ao texto, na mesma passagem pela prensa. Garantindo um nível de detalhes e precisão parelhos à litografia.

Porém, são patentes as diferenças entre os exemplares que mostramos no capítulo anterior e nestas páginas que vêm a seguir, no que tange a qualidade e estilos de traço. Então, como seria possível que o rebuscamento das caricaturas e charges de momentos históricos tão próximos seja tão evidentemente distinto? E por que haveria um aparente retrocesso na qualidade do traço, ao invés de uma evolução, em vista das possiblidades de impressão a princípio mais avançadas? Mesmo considerando que estes dois conjuntos apresentados não são o resumo absoluto da caricatura do estado, estas são indagações pertinentes.

A autotipia foi um advento importante para a indústria gráfica em termos de produtividade e praticidade, que por outro lado trouxe aos artistas gráficos o desafio da adaptação a um novo processo criativo. Desde a elaboração da ideia até a finalização da matriz, considerando também o fator tempo, em função dos avanços da própria técnica. Imagina-se também que este novo caminho foi maturado no ato da produção, sem direito a um período de experimentações e planejamento. Daí, talvez, a pouca maturidade do traço de alguns conjuntos observados aqui, principalmente das primeiras décadas do século XX, que correspondem ao momento inicial da autotipia em Pernambuco. Com o passar do tempo, formas mais sintéticas e traços mais econômicos nos demonstram o desenvolvimento de um estilo que se adaptava às condições impostas. Há também que se considerar as referências da arte moderna, que, a partir da virada do século XX, já propunham uma contraposição ao rebuscamento vigente no século anterior, propostas estéticas que são gradativamente absorvidas pela indústria gráfica, no pacote do que se convenciona chamar de estilo Art Déco. Neste caminho, a geometrização e as formas mais simples tanto condiziam com as tendências contemporâneas, como a princípio agilizariam as soluções de composição do processo gráfico. Ainda assim, veremos nos próximos capítulos que as influências rebuscadas Art Nouveau permanecem por algum tempo, bem como há exemplos patentes de que a técnica de impressão por clichês tenha sido muito bem absorvida já a partir da década de 1920.

fig. 1

Caricaturistas Fluminenses

Raul Pederneiras

Calixto Cordeiro

A. Santos-Falstauff

[Fig. 1, Revista Pernambucana, 1902] Ocorrência de caricaturistas fluminenses em periódicos locais. Neste caso, são retratadas suas próprias figuras. Nos sugere certo fluxo entre os mercados editoriais do Rio de Janeiro e de Pernambuco.

[Fig. 2, Revista Moderna, 1906] Neste, figuravam os cartunistas Pierre e Herculano de Albuquerque (Guapy). Predominavam as charges políticas (b, c, e), e também havia os interessantes "Typos da rua" (a, d, f), um conjunto de caricaturas que oscilava entre um traço mais limpo e composições mais densas.

b

c

e

f

d

[Fig. 3, Revista Vida Moderna, 1920] Nas páginas da Revista de artes e letras *Vida Moderna* (1920), vemos uma alternância de estilos, ao passo que a temática gira em torno das figuras públicas. Nesta se vê evoluções como as noções de volumetria presentes em algumas das caricaturas (c, d), bem como as composições com traços finos e bons contrastes entre as formas básicas (a, b, e). Neste conjunto apresentado, vemos as assinaturas de um certo Zezé (a, c) e também de Victoriano Lima (b), na qual se observa a assinatura refletida. Indício interessante da mudança (propositada ou acidental) de sentido da composição. A figura "d" não é assinada, mas representa Bibiano Silva, importante no cenário das artes do Recife, como escultor e professor do Liceu de Artes e Ofícios.

fig. 3, a

b

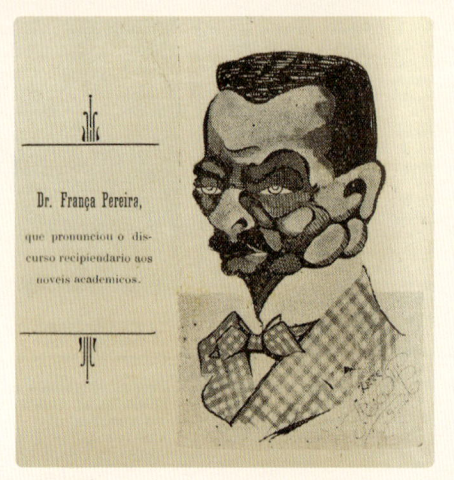

c

d

E' sempre a novidade!

A questão que preoccupa actualmente as elegantes de Paris é a de uma nova moda imprevista. Surgiu bruscamente nos interiores mundanos e já está muito em voga.

E' uma das mais originaes e singulares que logo ao apparecer agradou muito aos espiritos "épris" das innovações. Orá, os artistas decoradores foram buscar ideias novas e exquisitas, nos povos mais barbaros, onde em tudo dominam multiplas phantasias tão attrahentes quanto tão diversas.

Com esses documentos bizarros da Flôr do Meio, do Paiz Azul, da India... os decoradores transformaram um pouco os interiores, miscluindo aquellas ideias ás tendencias modernas das artes. E' por isso que a influencia Oriental que parecia estar bem attenuada ou que se dizia morta, nos centros futuristas, persiste protegida por toda a actualidade.

Como o independentismo permitte o maior absolutismo nas idéias, os artistas vão modificando tudo conforme as creações da imaginação.

Tão brusca e espontaneamente como surdiu talvez caia brevemente em desuso o espirito vouvel dos parisienses estando sempre em continuas mudanças.

... Quero aqui falar do recinto o "home" preparado para o "fi-e-ó-clock-tea".

Pois bem quasi todo interior moderno tem uma parte bizarra, arranjada especialmente para a hora do chá. Mas não é um d'aquel-

subito, para regiões um pouco orientaes.

longinquas que ainda não lhe eram familiares...

Seria acaso o delirio do seu espirito?... elle se perguntará. Mas não, tudo é puramente uma

Dos trezentos de Gedeão

O barytono C. B.

realidade. Por que é o independentismo que reina no tempo actual.

A se oppôr a um interior claro e simples, vêmos um recanto arranjado essencialmente á Chineza. Ha um contraste harmonioso entre

E' um canto para um Mandarim das nossas éras, um Mandarim europeu...

As almofadas, os tapetes, a porcelana, são apenas phantasias dos decoradores. Por que até mesmo as louças são "chinoiseries."

E' essas salas que os elegantes, na reunião quotidiana do chá vão tagarelar e conversar um pouco.

Um proprio Chinez, n'aquelle ambiente, acreditaria vêr o seu paiz modificado; e tambem os seus compatriotas transformados em orientaes modernisados e de costumes não tão barbaros.

Seria bem interessante si depois de tudo isso, esta influencia em nossos habitos estando diffundida, a gente visse "jeunes-filles" ou senhoras, andando á Japoneza..., comendo á Chineza..., — sem tambem me esquecer —, ainda seduzir os elegantes...

D. M.

* Quantas recordações
** trazes-me, oh! dôce violino, companheiro da minha infancia descuidada e feliz! Como olho com tristura para o teu perfil, orgulhoso de ter sido um instrumento querido em outros tempos, quando o meu coração, cheio de illusões e as minhas mãos ainda incertas de creança, faziam vibrar em tuas cordas os maviosos sons de uma sonata de Beethoven, ao luar, ou acompanhar ao piano as minhas

[Fig. 4, A Revista, 1910] Nas caricaturas d'*A Revista* (1910), observamos a presença da figura do homem de terno e chapéu pretos. Uma personagem que aparece em estilos variados, tendo em comum a economia de traços e a forma sintética, basicamente composta em manchas pretas. Varia também para a figura feminina (d), mantendo o padrão gráfico.

fig. 4, a

b

f

d

c

e

J. Ranulpho, por J. Ranulpho

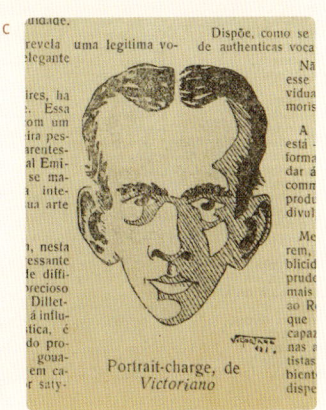

J. Ranulpho, senhor de um traço elegante e seguro, tem affirmado brilhantemente multiplas capacidades, igualmente forte na «charge», na caricatura e na illustração. Faltará, talvez, á sua maneira um pouco mais de variedade, de plasticidade, de renovação. Entretanto algumas de suas figuras são verdadeiras creações de interpretação psychologica. E' muito fina, e por vezes, impiedosa, a verve com que elle requinta, até o limite da verdade, o traço comico do modelo—o que se observa mesmo nesta admiravel auto-caricatura... Manoel Caetano Filho hoje mais ou menos distrahido da arte pelos absorventes misteres do seu professorado de engenharia, deixa em cada "charge" a marca de uma visão de critico amavel e arguto.

Auto-caricatura de **M. Bandeira**

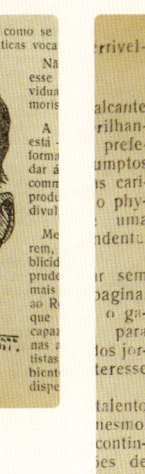

...revela uma legitima vocação elegante ...res, ha . Essa ...om um ...eita pes... ...rentes... ...al Emi... ...se ma... ...interes... ...ua arte ..., nesta ...essante ...e diffi... ...recioso ...Dillet... ...á influ... ...tica, é ...do pro... ...goua... ...em ca... ...saty...

Dispõe, como se de authenticas vocações

Portrait-charge, de *Victoriano*

[Fig. 5, Revista do Norte, 1923] Importante publicação de conteúdo artístico, abre espaço de protagonismo aos seus colaboradores numa matéria em que cada artista faz sua "autocaricatura". Nomes como Victoriano (c), José Leandro Borges da Silva, o Zuzú (e), J. Ranulpho (a), Mauro (d) e Manoel Bandeira (b). Mais tarde, Fausto Silveira, o Fininho (f), também figura como estreante.

Zuzú, auto-caricatura

Fininho

Auto-retrato de *MAURO*

fig. 6, a

b

[Fig. 6. Revista do Norte, 1923] Victoriano Lima também desenvolve para a *Revista do Norte* uma série de caricaturas cujo típico desenho a traço nos apresenta tipos recifenses (a, b, c, d, e), em formas precisas e bem acabadas.

Senhora C. Z.

e

d

Senhorita I. F.

c

[Fig. 7. Revista do Norte, 1923] Há também experimentações em mais de uma cor por Victoriano
(a, b). E Manoel Bandeira já desenvolve um estilo
de composição (c) com semitons. Poucos contornos irregulares acentuam as formas caricatas,
acentuando a expressão.

fig. 7, a

b

c

O Gabriel Cabris chegando da farra

[Fig. 8, Revista O Mascarado, 1934; O Frevo do Recife, 1936]
As revistas de Carnaval *O Mascarado* (a, b) e *O Frevo do Recife* (c, d, e) têm estilos muito parecidos de ilustrações. O fato de não haver assinatura na maioria, e de serem formas que se assemelham, nos sugere fazerem parte de uma caixa de clichês comuns entre si. Estes, uma vez adquiridos por uma oficina gráfica, são usados em diversos periódicos, sem exclusividade sobre a imagem. Também nos chama atenção o traço que beira o tosco, relacionado à temática de carnaval.

d

BLUB DO BROCA

e

os epi-
s phrases
rio-me ao
da a gen-
destaca o
leiras, os
ãos palli-
carnales-
ruetas de
a roda de
e dominós.
olichinellos
m as suas
tas. Me³
nte a ten-
emquanto
austo mais

b

O Diniz no Frevo

fig. 8, a

c

Os jovens cantores do Theatro

Na sala do **Vieux Colombier**, tradiccional Theatro de Paris, acaba de fechar a temporada dos jovens auctores francezes.

Ainda uma vez a França dá ao mundo o exemplo de uma iniciativa brilhante. Coube desta vez a André Lang a idéa de reunir meia duzia de rapazes de talento, animando-os com a representação dos seus trabalhos, estimulando-os a continuar nessa ingratissima carreira que é a de escriptor de Theatro.

A critica franceza, por sua vez, recebeu e applaudiu com enthusiasmo o trabalho desses jovens auctores que serão em dias proximos os continuadores da obra admiravel dos Porte Riche, dos Donnay, dos Curel, dos Bataille, dos Bernstein.

O proprio André Lang que é tambem um principiante deu a sua **Fantaisie amoureuse** considerada um ensaio notavel de comedia dramatica.

Vieram em seguida **La chapelle ardente**, tres actos de Gabriel Marcel; **Simili** de Claude Roger Marx; **Um bourt de fil coupé en deux**, dois actos de Steve Passeur; **Le tentaeur**, tres actos de Henri y Lionel Landry; **L'invité** um acto de Henri Clerc.

A ultima peça da temporada foi **Denise Marette**, 3 actos de Jean Jacques Besnard. Pesar de já conhecido do publico de Paris, Jean Bernard ainda pode

INDISCREÇÕES TELEPHONICAS...

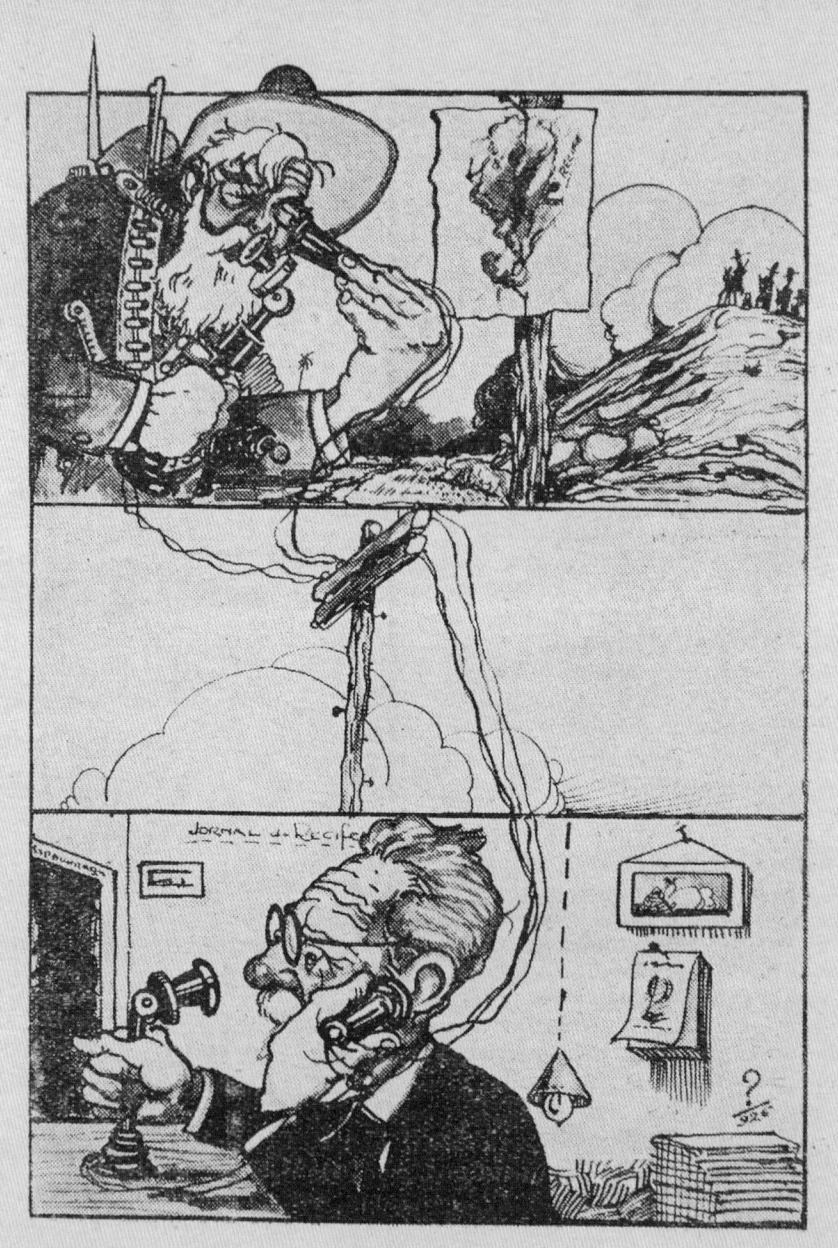

GENERAL REBELDE : — Allô...

PULHAFARIA : — Allô...

GENERAL REBELDE : — Quem falla?

PULHAFARIA : — E' camarada... é amigo.

GENERAL REBELDE : — Ah! é o meu venerando...

PULHAFARIA : — Falle baixo, seja discreto, não me comprometta; olhe que eu sou legalista... para uso externo...

fig. 9

[Fig. 9] A revista *Rua Nova* (1926) nos apresenta a única ocorrência de um quadrinho em todas as revistas pesquisadas. Este se destaca pela sofisticação de sua estrutura narrativa, resolvida visualmente. As "Indiscreções telephonicas" se completam com um diálogo impresso abaixo, em que num chiste de cunho político, o "general rebelde" trava um diálogo com o "Pulhafaria". O então semanário empreendia à época uma campanha contra o "coronel" Faria, então diretor do Jornal do Recife. O autor nos deixa literalmente uma interrogação no lugar de sua assinatura.

[Fig. 10] O primeiro número da *Rua Nova* foi lançado em 1924. Em 1926, passou a ser semanal. Desde então, além de seu editorial dedicado às artes e às letras, também possuía charges políticas. Nestas, ataca os governos e seu antigo inimigo, o "Coronel" Faria (a, b, c, d). É sabido das colaborações do artista J. Ranulpho nas capas. Porém, não podemos afirmar que as caricaturas sejam de sua autoria, mantendo-se a interrogação como assinatura.

fig. 10, a   b

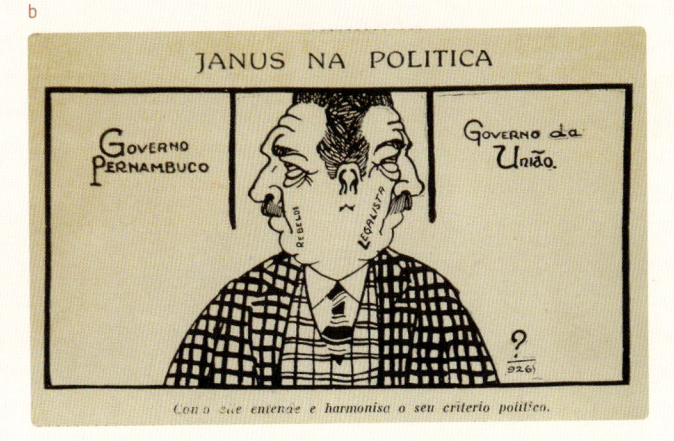

c

d

CAPAS

As capas apresentadas neste capítulo cobrem um período que vai de 1902 a 1939, abrangendo quase toda a primeira metade do século XX. Muitas mudanças ocorreram no parque gráfico pernambucano durante este intervalo de tempo. A maior delas sendo a chegada da fotolitografia *offset* através do pioneirismo da Dreschler & Cia., empresa fundada por F. H. Carls na segunda metade do século XIX. Mas também através de mudanças gradativas, como uma melhora significativa de clichês e autotipias a partir da década de 1920 e da capacidade de impressão em tricromia. Há uma grande variedade de exemplares no acervo da BPE. Tentamos trazer exemplos dos mais significativos sem deixar de fora nenhum dos títulos, mas nem sempre isso foi possível.

É notável como a virada do século trouxe uma linguagem gráfica mais próxima ao que viria a se tornar um padrão editorial de revistas periódicas quando comparada à do período anterior. O impacto visual parece ser uma busca constante destes capistas e o uso de bi e tricromia torna-se comum. O uso de retículas em conjunto com a impressão em cor permite uma gama de tons ausente nos primeiros exemplos das coleções. É particularmente perceptível essa evolução nas publicações realizadas a partir dos anos 1920, mas, mesmo entre os primeiros exemplares do século XX, como é o caso de *A Revista* (fig. 15), de 1910, o uso da cor revela uma propriedade e domínio que causa uma certa admiração. A limpeza do projeto gráfico de *A Revista* e a paleta usada nos diversos números deste periódico mantêm uma atualidade – guardada obviamente a devida proporção – que surpreende quando se pensa nos mais de 100 anos que nos separa daquele Recife de antigamente.

É também deste período uma produção editorial intensa, com grande número de publicações e variado público-alvo. Esse é um fato constatável não apenas no acervo da BPE, mas também nos da Fundação Joaquim Nabuco, onde salta aos olhos a grande variedade de títulos e estilos durante as décadas de 1920 e

1930. Esta intensa produção é pouco conhecida entre os pernambucanos e praticamente ignorada pelo resto do país, o que reforça a necessidade de documentação e reflexão acerca dela. Do ponto de vista do Design Gráfico, o que mais chama a atenção é o trabalho de alguns ilustradores, como Heinrich Moser e Manoel Bandeira, cujos projetos demonstram um domínio da técnica necessária aos processos de impressão correntes de causar inveja a muitos designers atuais. As capas realizadas por Moser para a *Revista de Pernambuco* (1924-1926) exibem uma versatilidade magistral em diferentes linguagens, e a transposição de seus desenhos e pinturas para a matriz de impressão, uma consciência clara da técnica. É provável que tal transposição fosse realizada pelos mesmos gravadores da indústria de rotulagem de base litográfica no estado. Há quem sugira, por exemplo, que a partir da década de 1920, os melhores gravadores daquela indústria foram sendo absorvidos pelas clicherias, onde o conhecimento sobre como dosar as cores primárias de forma a obter o resultado mais próximo possível do original se tornou bastante valorizado. Diante do declínio que a litografia comercial começou a experimentar com a perda de seu lugar central na produção de imagens impressas, seria bastante natural que os melhores profissionais fossem cooptados para as novas técnicas.

Outro aspecto relevante diz respeito ao que é representado nestas capas. Nas publicações até a década de 1920, percebe-se a tradição do século XIX de criticar os costumes ou a política em forma de charges, ou de apresentar personagens reais da sociedade de maneira sóbria e respeitosa. A partir de então, as representações começam a apresentar temas mais variados, incluindo as paisagens locais, o cinema e o carnaval, por exemplo. Este último, um dos mais representados do período seguinte, entre 1920 e 1940, quando além de ser tema frequente de capas era o motivo para uma série de publicações especiais voltadas exclusivamente para o tema.

Numero I   Recife, 15 de Novembro de 1902   Anno I

Revista Pernambucana

Publicação Quinzenal

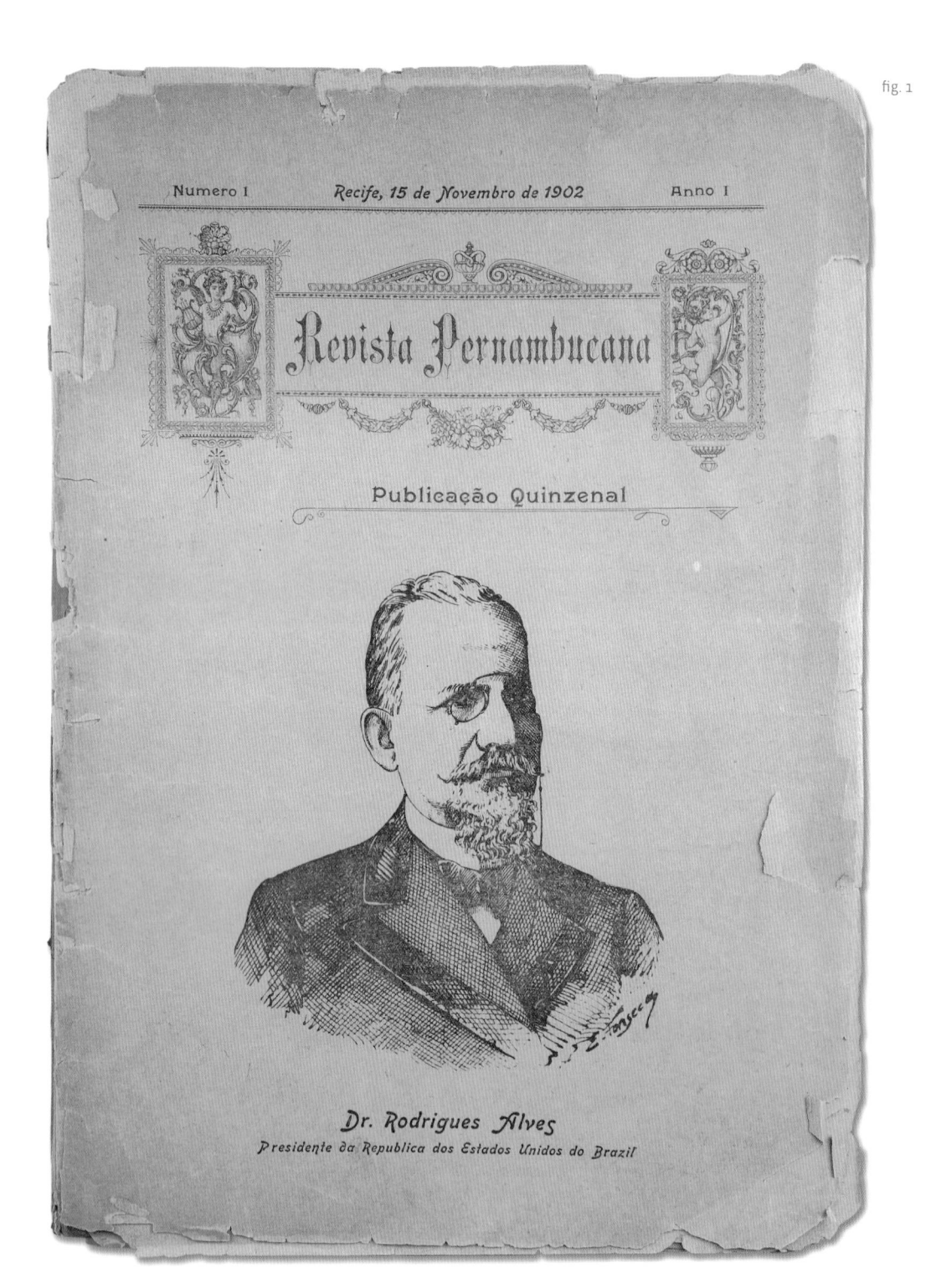

Dr. Rodrigues Alves
Presidente da Republica dos Estados Unidos do Brazil

fig. 2

[Fig. 1, nº 1 da Revista Pernambucana, 1902] A autotipia havia chegado à praça recifense, permitindo representar personagens fotografi-camente. A página então podia ser impressa sem necessidade de usar outra técnica de impressão além da tipografia.

[Fig. 2., nº 10 da Revista Pernambucana, 1902] O uso da autotipia torna-se mais discreto e opta-se por um clichê de grandes proporções que se repete nos nº 8, 9 e 11.

[Fig. 3, nº 1 (a), nº 6 (b) e nº 11 (c) da Revista Mo-derna, 1906] A importância dos processos de gravação fotomecânicos é visível na escolha de clichês a traço em detrimento da litografia que claramente vai perdendo espaço nos periódicos. Na capa do primeiro número (a) pode-se ver a as-sinatura de Benevenutto Telles Jr.

fig. 3, a

b

c

Anno I   1910   N.º 1

A REVISTA

Quinta-feira 23 de Junho

Dr. Eduardo de Moraes Gomes Ferreira

Engenheiro-civil

Competentissimo profissional que além de uma intelligencia brilhante e invejavel illustração
é senhor de um caracter
impeccavel e de fino trato, pelo que a sociedade o eleva e considera em posição de alto destaque.

[Fig. 4, Capas de A Revista, 1910. Nº 1 (a), nº 2 (b), nº 3 (c), nº 5 (d), nº 6 (e), nº 9 (f), nº 12 (g)] O projeto gráfico limpo e colorido é uma novidade. Também fica evidente a prioridade em representar fielmente empresários e figuras proeminentes da sociedade através da fotografia.

b
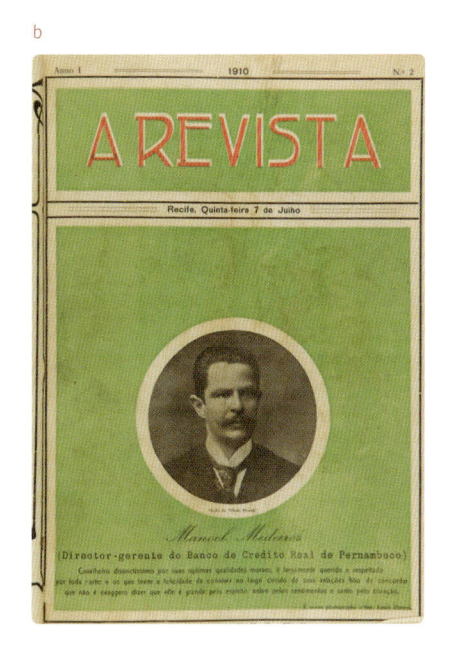

c

d
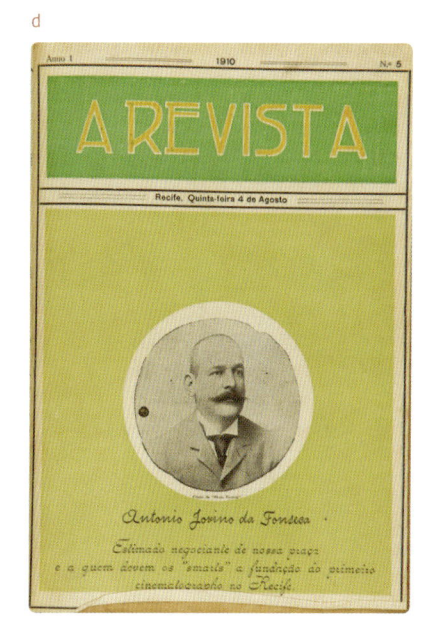

e

f

g

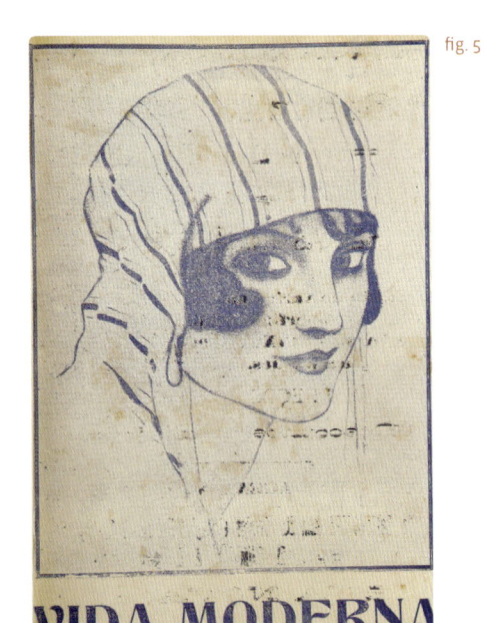

fig. 5

a

fig. 6, a

b

[Fig. 5, Capas de Vida Moderna, 1919] Nº 4 (a) e
não numerado (b), informação provavelmente retirada por um refilamento descuidado.
O estilo de roupas e costumes são típicos do
entreguerras, indicando um alinhamento local com padrões de moda internacionais.

b

c

[Fig. 6] A *Revista do Norte* marcou uma época, como referência pela qualidade de seu projeto gráfico e pelo cuidado com a composição tipográfica. Nos 2 primeiros exemplos, (a) nº 1, ano 1, 1923, (b) nº 2, ano 2, 1924, nota-se a tendência da caricatura ainda presente, mas nos últimos exemplos, (c) nº 6, ano 2, 1924, (d) provavelmente ano 2, 1924 e (e) nº 1, ano 3, 1925, já é possível perceber o estilo mais sóbrio e de alta qualidade das paisagens de Manoel Bandeira.

d

e

Fig. 7, a

b

c

d

e

f

g

h

[Fig. 7] A coleção da *Revista de Pernambuco* é uma das melhores peças do acervo. As capas aqui apresentadas são uma pequena amostra da riqueza de detalhes. A colaboração estreita de Heinrich Moser muito contribui para isso. Em (a), (b) e (c) não há menção a datas ou mesmo números de publicação, mas é possível afirmar que são 3 das 4 primeiras do ano 1, 1924. (d), (e), (f) e (g), já devidamente identificadas, são todas de 1925, considerado a partir de janeiro como ano 2 da publicação. (h) e (i) são exemplos do ano 3, 1926.

SCENA MUDA...

Circula aos sabbados

b

c

d

[Fig. 8] As capas da *Rua Nova*, como as da *Revista de Pernambuco*, se apresentam muito coloridas, demonstrando o controle da técnica de separar as cores e imprimi-las com clichês reticulados. Nº 49 (a), nº 52 (b), nº 54 (c) e nº 71 (d), todos de 1926.

b

[Fig. 9] Na mesma tendência segue a Ilustração, sugerindo um aprimoramento do parque gráfico recifense. As capas do nº 2 (a) e do nº 4 (b), ambas de 1928, revelam grande conhecimento dos recursos gráficos por parte dos autores.

b

[Fig. 10] Em uma linha diferente, mas também graficamente complexa, a Revista de Garanhuns destaca-se como uma das publicações de fora da cidade do Recife. (a) e (b) ambas de 1930.

Fig. 10, a

[Fig. 11, A Semana, nº 1, 1931] Apesar da autotipia já estar presente, as capas ilustradas por clichês eram frequentes no período.

[Fig. 12] Evohé!!, sazonal de carnaval, 1931. Prática comum, lançavam-se números especiais para efemérides. Note-se a publicidade das Casas Paulistas como tema da capa.

fig. 11   fig. 12

fig. 13, a b

fig. 14

[Fig. 13, Electron, 1932, (a) nº 2 e (b) nº 7]
Exemplo de revista de informação técnica e não de variedades, indicando a importância do rádio que se estabelecia.

[Fig. 14] *Hora Nova*, 1933, sem indicação de número. Retrata ao mesmo tempo o entretenimento popular e o da indústria cultural do cinema estrangeiro.

fig. 15

fig. 16

fig. 17

fig. 18

fig. 19

fig. 20

[Fig. 15, 16 e 17] Mais 3 exemplos de revistas sazonais de carnaval, todas de 1934, *Na Pontinha* (15), *O Mascarado* (16) e *Olha a Curva* (17).

[Fig. 18, O Frevo do Recife, 1936] Outro exemplo de publicação de carnaval, reforçando a onipresença do lança-perfumes em suas representações.

[Fig. 19, Máscaras, 1938.] Outro bom exemplo de revistas de carnaval. Note-se a assinatura da litografia da *The Propagandist*, agência de publicidade recifense do início do século XX.

[Fig. 20, Quatro Diabos, nº 7, 1939] Um excelente exemplo da qualidade obtida pelos ilustradores da cidade com poucos recursos gráficos aplicados.

[Fig. 21, Veranista, 1935] O título talvez indique a importância crescente da praia de Boa Viagem, cuja ocupação começa a se expandir nesse período.

[Fig. 22, Atlântica, 1936] Uma visão estilizada do porto do Recife a partir do mar.

[Fig. 23, Cacique, nº1, 1937] A força icônica do índio americano se sobrepondo à do nativo brasileiro é uma constante nas peças gráficas recifenses do século XX, provavelmente sob a influência do cinema hollywoodiano.

fig. 23

fig. 21

fig. 22

[Fig. 24] A revista *Mauricéa* costumava home-
nagear os estados da Federação, (a) junho,
1937. E em pleno Estado Novo, Getúlio Vargas ganha essa belíssima capa, ilustrada por
Manoel Bandeira, (b) novembro, 1937.

[Fig. 25, O Brasil, nº1, 1937] Em contraste com
o índio apache da revista *Cacique*, um indí-
gena brasileiro abranqueado é representado
com vegetação e cores mais consistentes
com nossa realidade.

[Fig. 26, Recife, 1937] Belo desenho a traço representando a geografia e arquitetura da cidade.

fig. 24, a

fig. 25

fig. 26

MAURICÉA

CONFIAR NA ACÇÃO ENERGICA, SERENA E' JUSTA DO PRESIDENTE GETULIO VARGAS, NO RUMO NOVO AOS DESTINOS DA NAÇÃO É DE TODO BRASILEIRO.

EXMO. SR. DR. GETULIO DORNELLAS VARGAS
PRESIDENTE DA REPUBLICA BRASILEIRA

HOMENAGEM AO DISTRICTO FEDERAL

COMPOSIÇÕES COM IMAGEM FOTOGRÁFICA

Até aqui, tecemos comentários sobre os profissionais da indústria gráfica, com algum destaque para os chamados artistas gráficos. Imaginar o processo de execução das composições que veremos nas próximas páginas, nos remete a mais duas figuras deste meio: o fotógrafo e o clicherista. O conjunto de habilidades e recursos técnicos que ambos trazem na bagagem marca mais um momento de transformação em torno dos processos de impressão de imagem. E, consequentemente, dos meios de comunicação de massa. Além da agilidade de se imprimir imagem e texto de uma só vez, os processos de revelação fotomecânica ampliaram o leque de possibilidades em torno da reprodução fotográfica. Afirma-se inclusive que o surgimento do clichê tenha sido a grande alavanca para a atividade do fotojornalismo. Um impacto significativo na cultura visual do brasileiro.

Em pesquisas recentes, observamos que o uso do clichê fotográfico, também conhecido como fotogravura, chega ao Recife pelo menos desde a primeira década do século XX. O exemplo mais antigo de composição de fotografia e ilustração achado nestes periódicos vem d'*A Revista* (1910), cuja imagem composta por fotos reverencia o Clube Náutico Capibaribe. Há também algumas propagandas (vide cap. 6). Em especial, a do Elixir de Inhame (*Revista Vida Moderna*, 1920), com conceito gráfico semelhante à composição dedicada ao time de futebol. Nosso maior destaque fica para o conjunto de composições extraídas da *Revista de Pernambuco* - periódico mensal de propaganda da gestão do então Governador do Estado Sergio Loreto, teve uma sobrevida correspondente ao seu mandato, entre 1924 e 1926. Era uma publicação rica em recursos gráficos, com capa em cartolina, sempre em cores, e miolo em 36 páginas de papel couché. Destaque para as reportagens fotográficas cujos títulos "O Recife de hoje" e "O Recife Novo" estão presentes em muitas edições. Por meio destas, observamos que, desde as primeiras décadas do século XX, obras de grande porte e "novidades" arquitetônicas são objeto de propaganda de um certo conceito de progresso.

Além de assinaturas de uma certa Empresa de Artes Decorativas, colaboraram para o então mensário artistas gráficos como Cardoso, Nestor Silva, Jaime Oliveira, Joaquim, Pena, e Heinrich Moser (vide Cap.3). Porém, sabemos pouco sobre a autoria das composições aqui apresentadas, bem como sobre quem teriam sido os fotógrafos e clicheristas. A única composição assinada é a propaganda do Elixir de Inhame, por Alberto Lima, que pelo subtexto é um artista gráfico Carioca.

O conjunto selecionado nos evidencia composições impressas em que a fotografia é protagonista, tendo ilustrações, grafismos e letreiramentos como importantes elementos de suporte. Ela é recortada, esfumaçada, inclinada, e eventualmente sobreposta tanto por traços, como por outras imagens.

Encontramos temática variada, entre datas comemorativas do Estado, resenhas esportivas, notícias sobre as cidades do interior, cenários do Recife e de suas obras, empreendimentos do comércio local e eventos sociais que incluem até um velório. São verdadeiras matérias visuais, cujo caráter informativo vai além do lugar-comum de ilustrar.

fig. 1.

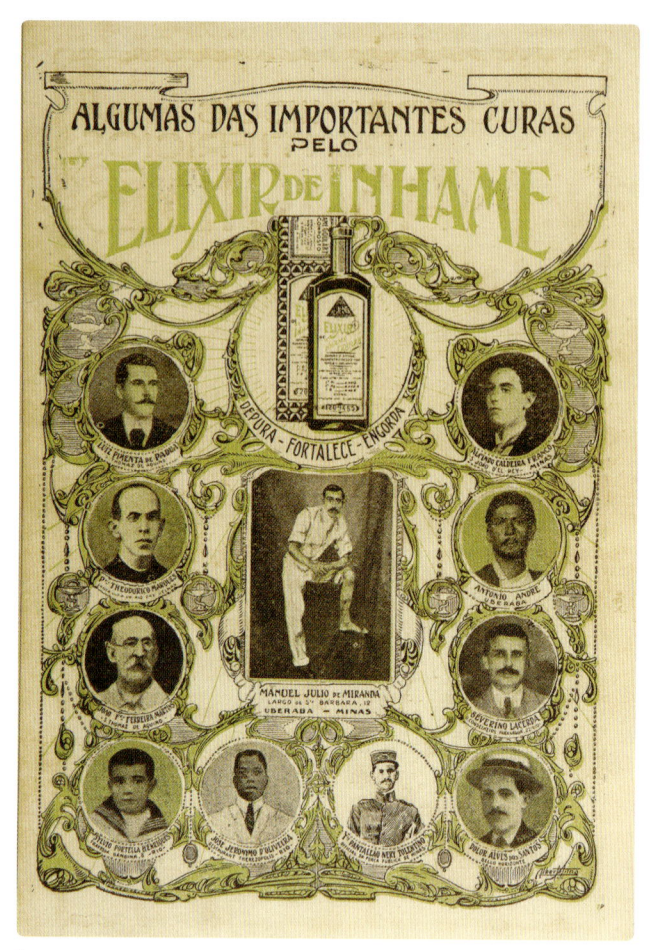

fig. 2

[Fig. 1, A Revista, 1910; Fig. 2, Revista Vida Moderna, 1920] As figuras 01 e 02 têm composições com fotografias com referências do estilo Art Nouveau, tanto na forma dos grafismos rebuscados como nos letreiramentos. Temos também este exemplo de composição do Elixir de Inhame uso de com duas cores.

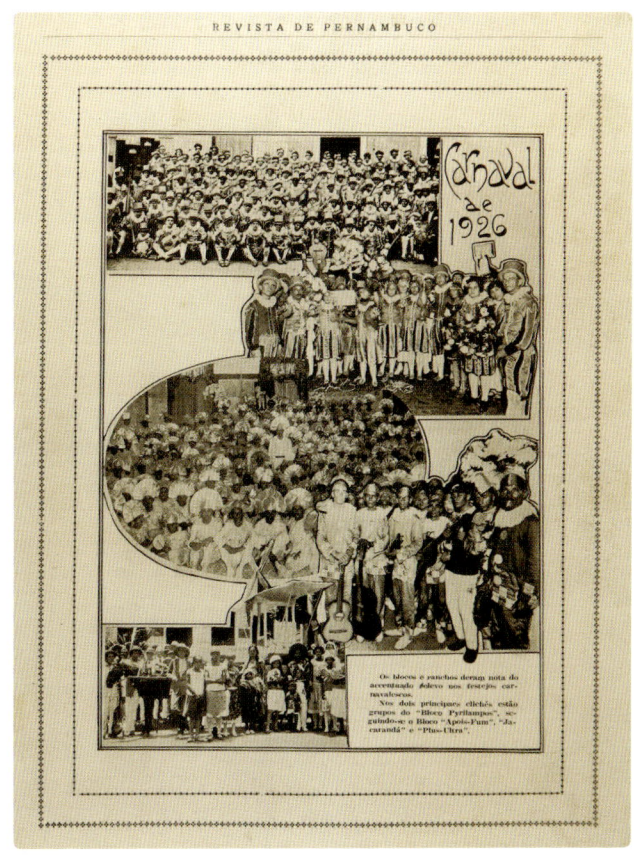

fig. 3. a   b

[Fig. 3 (a, b)] Flagrantes do carnaval de 1926 nos mostram a existência de carros alegóricos, e a atividade de grupos como o Apois-Fun e o Plus-Ultra. Nestas duas composições, as imagens fotográficas justapostas nos mostram as possibilidades de recorte e montagens orgânicas.

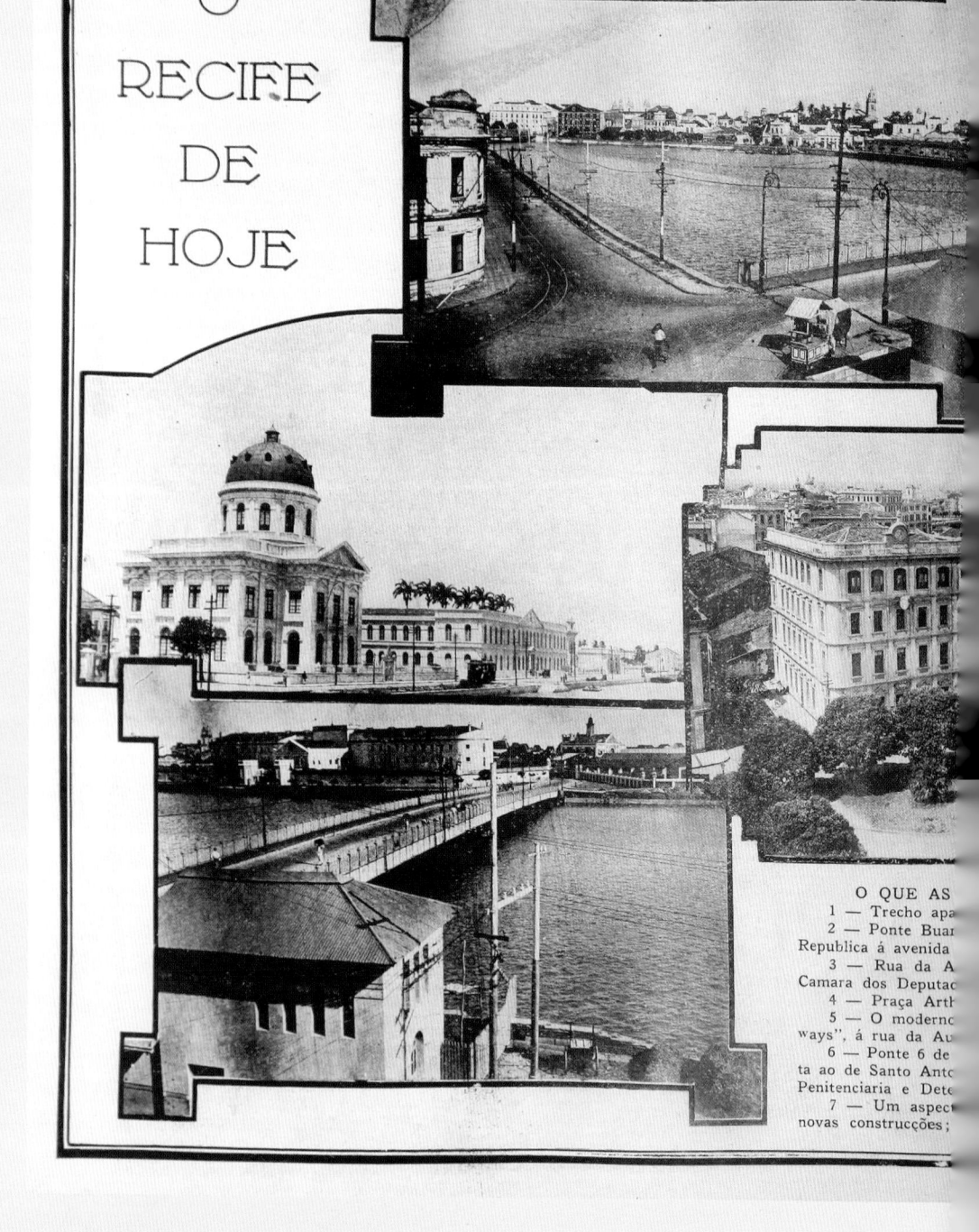

O

RECIFE

DE

HOJE

[Fig. 4, Revista de Pernambuco, 1926] Esta composição em página dupla rende ao Recife o título de "cidade mais bela do Norte". Uma montagem de vistas dos bairros do Recife, Boa Vista e Santo Antônio compõe esta reportagem fotográfica.

fig. 4

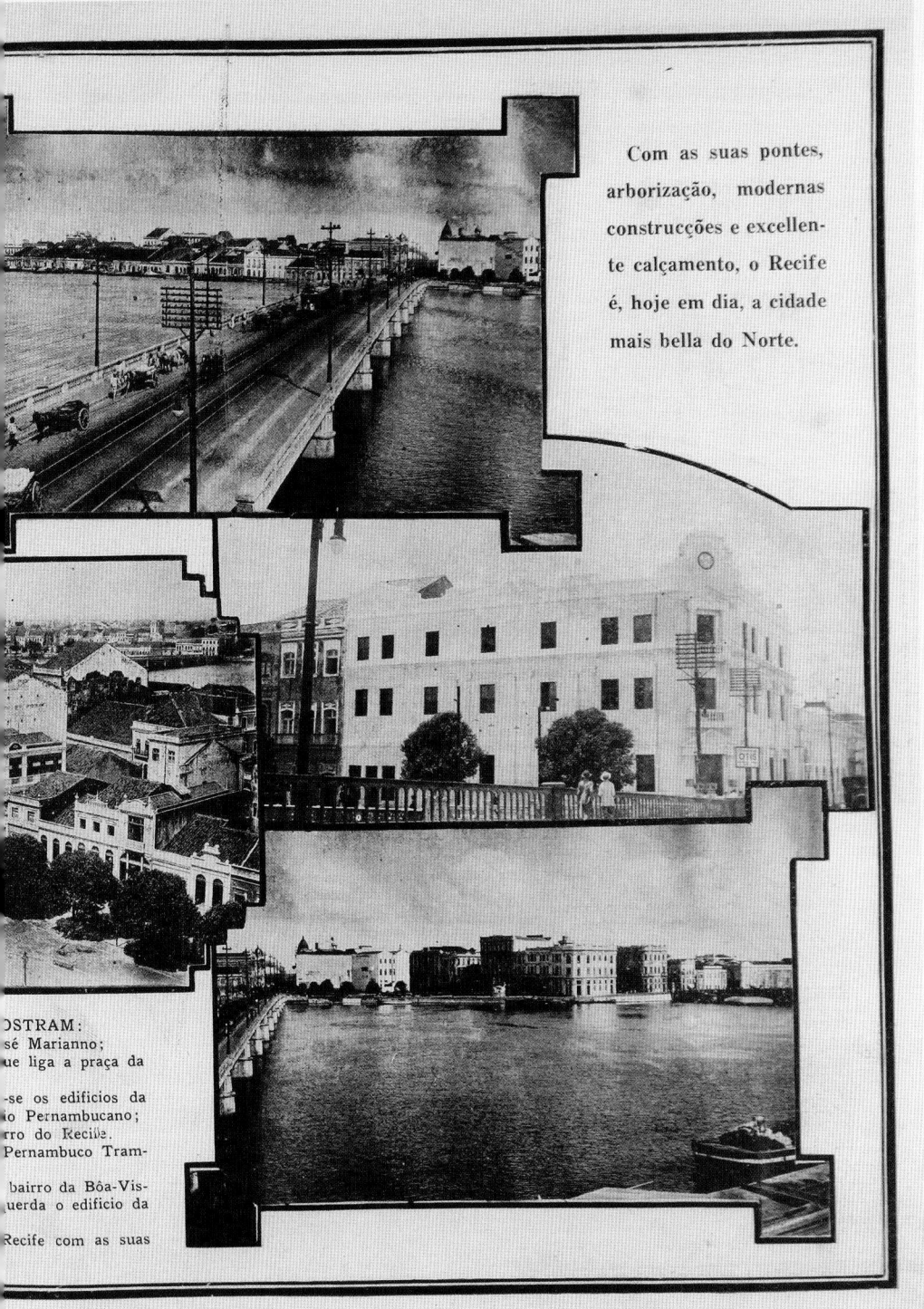

Com as suas pontes, arborização, modernas construcções e excellente calçamento, o Recife é, hoje em dia, a cidade mais bella do Norte.

OSTRAM:
sé Marianno;
ue liga a praça da

-se os edificios da
io Pernambucano;
rro do Recife.
Pernambuco Tram-

bairro da Bôa-Vis-
querda o edificio da

Recife com as suas

AS NOVAS E ELEGANTES CON-

STRUCÇÕES URBA-

NAS, TRANSFORMANDO, DIARIA-

MENTE, A PHYSIO-

NOMIA DA CIDADE, ATTESTAM O

fig. 5

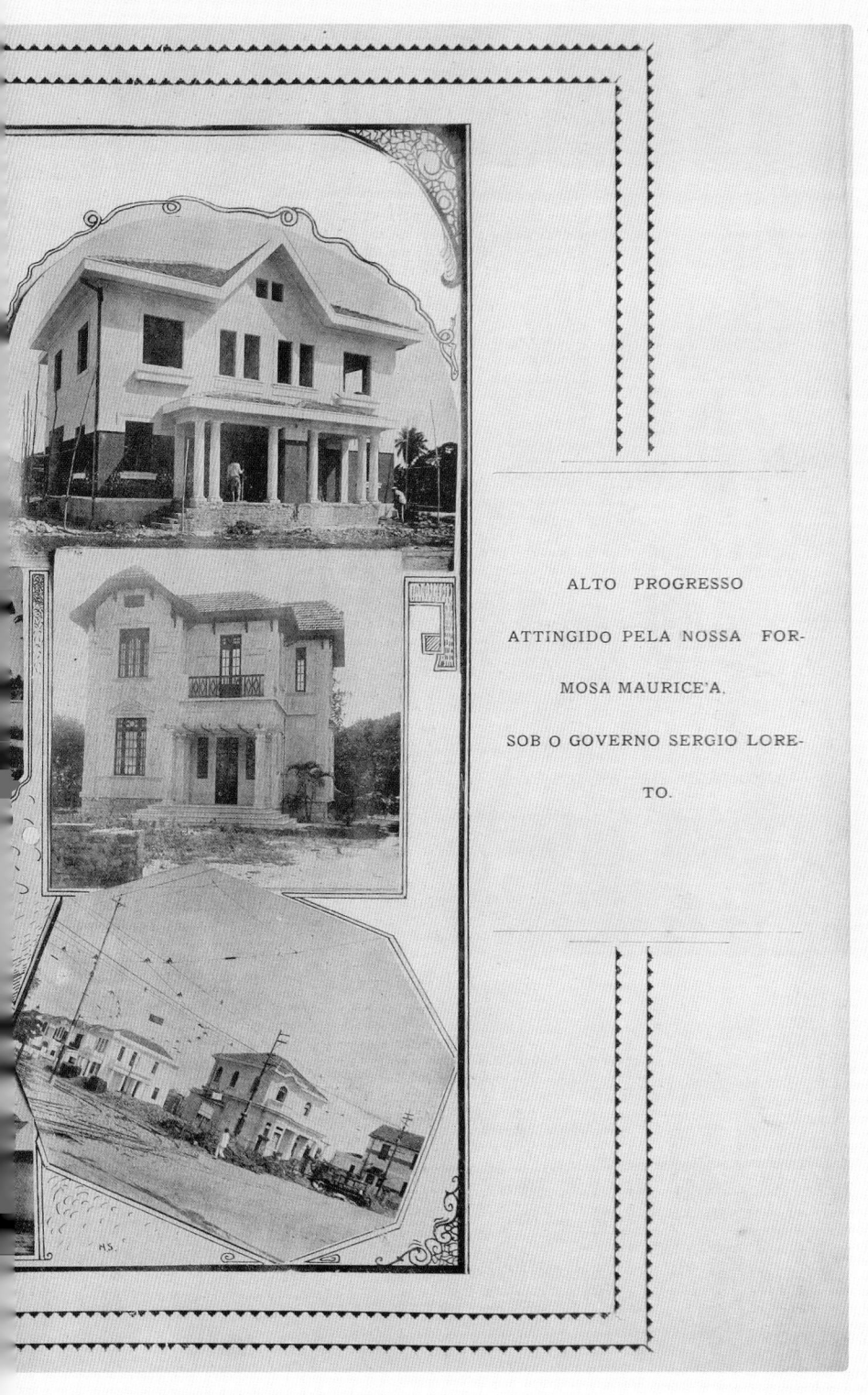

ALTO PROGRESSO
ATTINGIDO PELA NOSSA FOR-
MOSA MAURICE'A.
SOB O GOVERNO SERGIO LORE-
TO.

[Fig. 5, Revista de Pernambuco, 1926] Encontramos nesta composição propostas mais ousadas entre montagens, imagens de formas irregulares e letreiramento de referências Art Déco. Comunica-se o enaltecimento da cidade e a visibilidade às então "novas construções", que permeiam a tradicional ideia de progresso, associada a um pretenso conceito do "novo".

DOCAS DE PERNAMBUCO

FLAGRANTES DO PORTO DO RECIFE EM DIA DE GRAN-DE MOVIMENTO MARITIMO.

No alto, a parte posterior de um dos grandes armazens, vendo-se ao fundo o elegante edificio que serve de séde á Administração das Docas, ultimamente inaugurado; no centro, aspectos do caes e do acostamento de um grande paquete ao mesmo; em baixo, uma vista geral do "Armazem "A" cujos trabalhos de construcção proseguem com grande celeridade.

fig. 6, a

b

c

[Fig. 6 (a, b, c), Revista de Pernambuco, 1926] Ao longo destas matérias fotográficas, mantém-se a tônica do progresso. Há entre as composições uma certa similitude em torno da espessura das molduras. Sobre as Docas de Pernambuco (a) também temos contornos duplos, formas mais geométricas e letreiramento serifado. Nas páginas que mostram as implementações da Avenida Beira-Mar e Linha de Boa Viagem (b, c), há letreiramentos mais despojados e molduras mais irregulares.

[Fig. 7 (a, b), Revista de Pernambuco, 1925] Datas comemorativas como o Centenário do *Diario de Pernambuco* (b) e do feriado de Sete de Setembro (a) mereceram destaque entre as reportagens. Embora possamos questionar a qualidade gráfica, percebemos nestas composições os amplos recursos técnicos já existentes para manipulação de imagens e montagem junto a letreiramentos e ilustrações.

[Fig. 8, Revista de Pernambuco, 1925; Fig 9, Revista de Pernambuco, 1926] Também havia espaço para uma seção dedicada aos acontecimentos dos demais municípios do interior do Estado (fig. 08). Bem como em algumas matérias, se trata de determinados setores da economia local. Em destaque, as instalações da Fox-Film do Brasil, distribuidora de cinema (fig. 9).

fig. 7, a

b

fig. 9

fig. 8

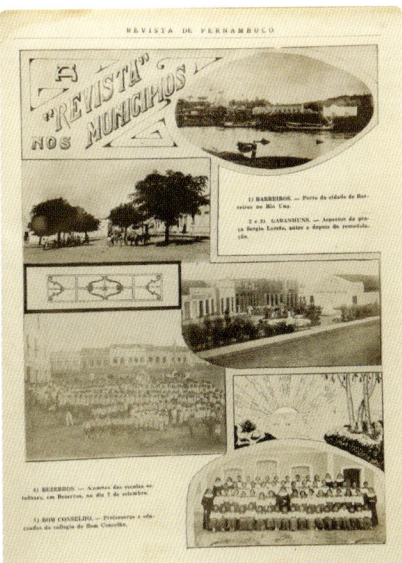

TIPOS E LETRAS

Além das ilustrações e arranjos presentes em capas e páginas ilustradas, há todo um universo de composição com tipos que merece ser destacado. Os periódicos da BPE revelam uma prática entre os profissionais das artes gráficas que não é facilmente encontrada no momento histórico atual. Há, nos anos subsequentes a estes periódicos e mesmo hoje, em dias pós-modernos, uma prática que privilegia a limpeza e a hierarquia clara das informações textuais. Excetuando-se as publicações voltadas para públicos específicos e aquelas mais experimentalistas, a variedade de composições com tipos é rara nos periódicos atuais. Os exemplos aqui mostrados sugerem quão diferente era a compreensão do que seria um bom design e o quanto os compositores e diretores de arte estavam dispostos a experimentar com formas variadas obtidas através dos desenhos dos caracteres e de sua composição. Há poucos exemplos em que a norma seja o cânone da época, onde o design tipográfico fosse o determinante, como é o caso dos logotipos da *Revista do Norte* (fig. 1 a e b) em suas duas fases ou o da *Revista de Pernambuco*. Mesmo aqueles títulos que se baseiam em tipos de metal, como é o caso da *Mauricéa* (fig. 9 a, b e c), buscam uma variedade que não se vê mais nos logotipos das revistas de hoje, presos pela lógica da unidade, da marca que sempre aparece na mesma configuração. Outros, como o da Illustração (fig. 5), optam por construir desvios do padrão, como se vê na trave do 'A' formada por uma circunferência que sai e retorna à haste.

Essa tendência à experimentação com as formas das letras já era percebida na fase anterior à zincografia (clichês), quando este tipo de trabalho era realizado basicamente através da litografia, como pode ser visto nos logotipos do capítulo que trata do século XIX, *Rumo ao século XX*. E também é encontrada em fases posteriores como a dos rótulos de bebidas produzidos em litografia até a década de 1970. Porém, ao ser possível ao artista gráfico desenhar suas letras e gravá-las em metal para usá-las em conjunto com os tipos móveis, aparentemente abriu-se um novo leque de oportunidades e seguiu-se uma fase de grande experimentação. Essa liberdade pode ser vista nos títulos de seção da *Vida Moderna* (fig. 12) e da *Revista de Pernambuco* (fig. 14), bem como naqueles da *Electron* (fig. 15), onde a integração texto-imagem é fundamental.

Contudo, mesmo quando não se trata da liberdade proporcionada pela técnica, a experimentação com as formas da mancha tipográfica não deixa dúvidas sobre o espírito que guiava estes artistas gráficos. Os exemplos das figuras 17 a 23 demonstram esse viés. Para aqueles que não conviveram com a composição manual por tipos móveis, e especialmente aqueles nativos da era digital, o esforço de produzir tais diagramações pode parecer pequeno. Quem por acaso tenha tido a oportunidade de ver, ou mesmo de compor, algumas linhas neste processo, entenderá o quanto exigia um raciocínio espacial específico. Primeiro, por se tratar de linhas de texto que pela própria natureza possuem variadas larguras, uma vez que há caracteres mais estreitos e outros mais largos. Calcular o tamanho que uma linha de texto irá ocupar exige sensibilidade, prática e tentativas e erros. Equilibrar a mancha impressa, compensando através de pequenas lâminas de metal os espaços adicionais entre caracteres e palavras para que a linha fique exatamente do comprimento necessário para configurar o desenho, é um saber que se foi com a técnica, restando apenas entre os poucos profissionais que ainda se dedicam aqui e acolá ao sistema. Os desenhos obtidos pelas composições figurativas da figura 19, por exemplo, devem ter exigido, além de muita paciência, um cuidado e esmero cuja velocidade de produção do século XXI não comporta. Esta é nossa maior constatação, a noção de tempo da época era muito diferente desta em que vivemos atualmente.

Mas nada supera, em nossa opinião, os designs obtidos pela configuração de títulos, e até de ilustração, através de fios tipográficos – linhas simples, duplas e triplas – e elementos ornamentais que podem ser observados na figura 23, da *Revista de Garanhuns*. Apesar da óbvia contravenção dos cânones tipográficos, gerando caracteres cujas proporções muitas vezes ferem os princípios do bom design de tipos, a engenhosidade daqueles que os compuseram não pode ser negada. Afinal, partindo de elementos projetados para outras funções, os autores dessas páginas conseguem atribuir personalidade e um caráter inusitado aos títulos desenhados. Há uma qualidade bastante razoável nos caracteres gerados na palavra 'BEIJO' da fig 23c, por exemplo.

O que nos resta é imaginar o que pensariam tais artistas gráficos ao empreenderem tais tarefas. Ficariam satisfeitos com os resultados? Teriam orgulho? E como o público veria estas experimentações? Apreciariam? Ficariam inconformados como se vissem um sacrilégio? O fato é que há uma distância enorme entre esse mundo gráfico pernambucano das primeiras décadas do século XX e a nossa experiência atual. O parque gráfico mudou radicalmente, as tecnologias avançaram em direções bastante diversas e os profissionais alteraram seu perfil. Cabe, no entanto, a pergunta de quanto dessa prática, que é cultural acima de tudo, deixou suas marcas na indústria e no público que consome artefatos gráficos. Ainda é possível encontrar os reflexos dessa atividade? Ou são práticas que se foram junto com as tecnologias de então?

fig. 1, a

b

fig. 2

fig. 3

fig. 4

fig. 5

fig. 6

[Fig. 1] Dois logotipos da *Revista do Norte*, representando suas duas fases. Em (a), nº 1, 1923, vemos um design que contraria os cânones clássicos, experimentando soluções comuns ao século XIX e primeiras décadas do século XX. Em (b), nº 1 da fase 2, 1926, vemos o retorno a um design mais próximo aos clássicos, como atestam o 'S' e o 'O', apesar da curta perna do 'R' fugir dessa tradição.

[Fig. 2, Revista de Pernambuco, 1924] A linha geral segue a dos Romanos Modernos com grande contraste entre hastes finas e grossas, porém o 'S' e o 'C' fogem ao modelo.

[Fig. 3., Revista dos Municípios, 1926] Letras ornamentadas bem ao gosto da fase pré-modernista.

[Fig. 4, Rua Nova, 1926] Logotipo produzido especialmente para a revista. A diagonal alta do 'N' é uma característica encontrada com frequência e pode ser vista também na primeira fase da Revista do Norte.

[Fig. 5, Illustração, 1928] Desenho que lembra o recurso usado por Cassandre na Bifur, com uma "trave" peculiar do 'A'. Há exemplos com a mesma "trave" nos rótulos da coleção ICP.

[Fig. 6, Revista de Garanhuns, 1930] Os desenhos encontrados muitas vezes fogem por completo dos padrões consagrados. O 'S' é um dos mais curiosos.

[Fig. 7, Fanfarra, 1936] Um design dinâmico, provavelmente buscando atribuir conteúdo semântico à forma. A haste do último 'A', infelizmente não faz juz ao todo.

[Fig. 8, Atlantica, 1936] É possível perceber a irregularidade do desenho nos 'A's e no 'C'.

[Fig. 9, Mauricéa, (a) 1936, (b) e (c) 1937] O periódico da coleção que mais varia seu logotipo. Aqui, três exemplos dessa variedade.

[Fig. 10, Estadio, 1937] Novamente uma variação da trave do 'A' também encontrada na coleção de rótulos litográficos da UFPE.

[Fig. 11, Cidade, 1939] O 'C' e o 'A' seguem o estilo visto em Atlantica.

fig. 7

fig. 8

fig. 9, a

b

c

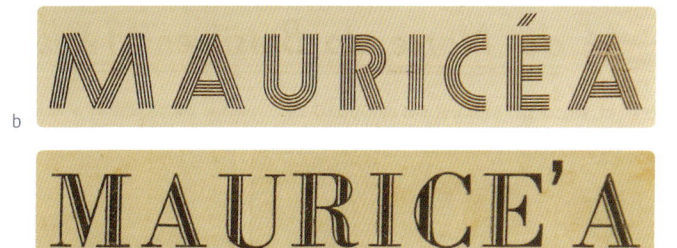

fig. 10

fig. 11

fig. 12, a

b

c

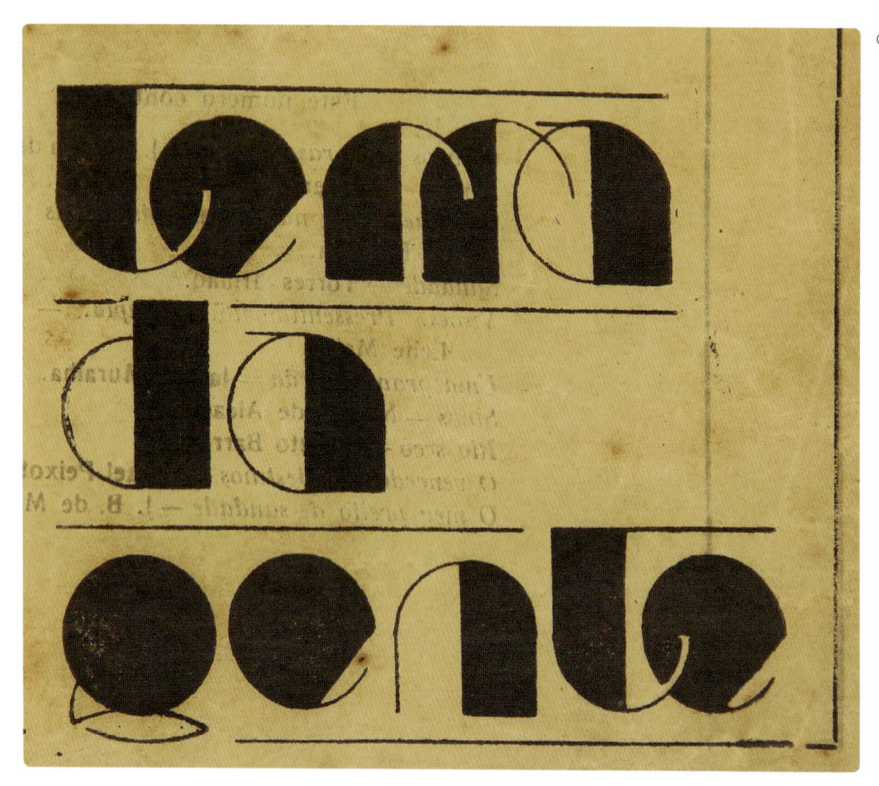

[Fig. 12, Terra da Gente, 1932] A liberdade de experimentação é patente nestes exemplos. Além da supressão das ovais internas nos 3 casos, em (b) temos o inusitado 'S' e em (c) uma cauda do 'g' fora de qualquer cânone conhecido.

fig. 13

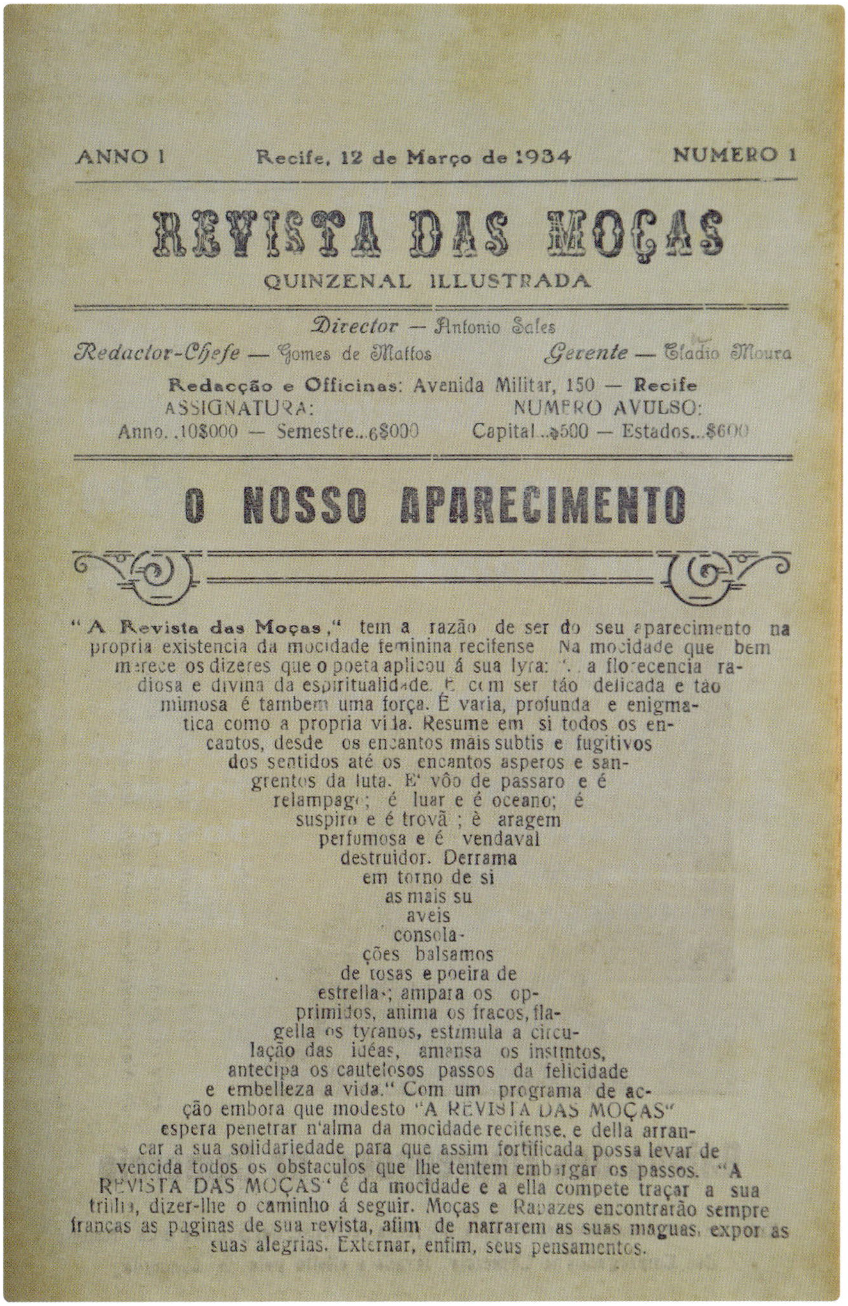

ANNO 1   Recife, 12 de Março de 1934   NUMERO 1

REVISTA DAS MOÇAS

QUINZENAL ILLUSTRADA

Director — Antonio Sales

Redactor-Chefe — Gomes de Mattos   *Gerente* — Eladio Moura

Redacção e Officinas: Avenida Militar, 150 — Recife

ASSIGNATURA: NUMERO AVULSO:

Anno..10$000 — Semestre..6$000   Capital..$500 — Estados..$600

O NOSSO APARECIMENTO

"A Revista das Moças," tem a razão de ser do seu aparecimento na propria existencia da mocidade feminina recifense. Na mocidade que bem merece os dizeres que o poeta aplicou á sua lyra: '..a florecencia radiosa e divina da espiritualidade. E com ser tão delicada e tao mimosa é tambem uma força. É varia, profunda e enigmatica como a propria vida. Resume em si todos os encantos, desde os encantos mais subtis e fugitivos dos sentidos até os encantos asperos e sangrentos da luta. E' vôo de passaro e é relampago; é luar e é oceano; é suspiro e é trovã; é aragem perfumosa e é vendaval destruidor. Derrama em torno de si as mais su aveis consolações balsamos de rosas e poeira de estrella; ampara os opprimidos, anima os fracos, flagella os tyranos, estimula a circulação das idéas, amansa os instintos, antecipa os cautelosos passos da felicidade e embelleza a vida." Com um programa de acção embora que modesto "A REVISTA DAS MOÇAS" espera penetrar n'alma da mocidade recifense, e della arrancar a sua solidariedade para que assim fortificada possa levar de vencida todos os obstaculos que lhe tentem embargar os passos. "A REVISTA DAS MOÇAS" é da mocidade e a ella compete traçar a sua trilha, dizer-lhe o caminho á seguir. Moças e Rapazes encontrarão sempre francas as paginas de sua revista, afim de narrarem as suas maguas, expor as suas alegrias. Externar, enfim, seus pensamentos.

[Fig. 13, Revista das Moças, 1934] Haveria uma referência à cintura das moças, ditas 'de pilão'?

fig. 14, a

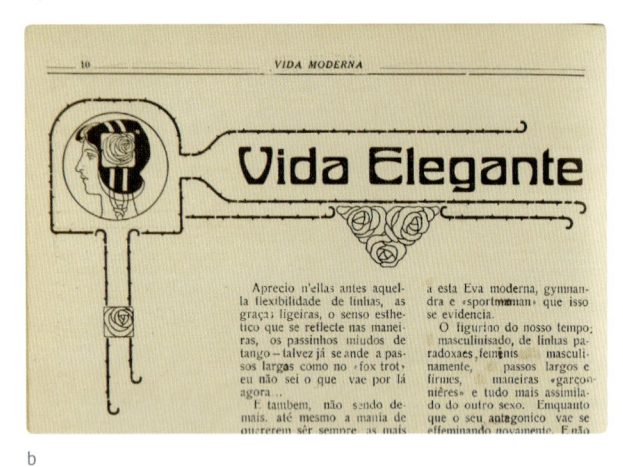

b

fig. 16, a

b

c

fig. 15

[Fig. 14, Vida Moderna, 1920] Tipos inspirados na estética Art Noveau, encontrados com frequência na produção do início do século XX em Recife.

[Fig. 15, Revista do Norte, 1923] Estilo caligráfico curioso, sem referências claras e grande irregularidade.

[Fig. 16, Electron, 1931] A integração entre letras e imagem não era muito comum fora das capas ou anúncios. Aqui, um dos raros exemplos de vinhetas de seção nesta tendência.

fig. 17, a

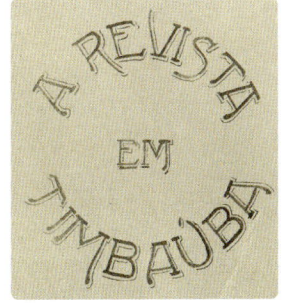

b

c

d

e

f

g

[Fig. 17, Revista de Pernambuco, 1925] A possibilidade de realizar vinhetas em clichês permitiu toda sorte de designs tipográficos. Dignos de nota o uso de hastes duplas, (e) e (f), em alguns caracteres e o ponto no centro da oval da letra 'O', (a) e (c), que remete a algumas inscrições lapidares romanas.

[Fig. 18, Quatro Diabos, 1939] É preciso lembrar que a composição tipográfica era feita a mão e invertida para se dimensionar corretamente o trabalho de compor o texto neste formato.

[Fig. 19, OK, 1938] Especialmente problemático o controle do espaçamento para gerar a ligeira curva nas partes superior e inferior da figura.

[Fig. 20, Evoeh!, 1931] Uma propaganda com um grau de dificuldade razoável em sua composição.

[Fig. 21, Illustração, 1928] Prática frequente nas coleções da BPE, compor páginas como essas em tipos móveis não era tão simples quanto hoje em dia em aplicativos digitais.

[Fig. 22, Terra da Gente, 1932] As composições mais inusitadas das coleções. Além da dificuldade para realizá-las, há uma certa ingenuidade na busca pela figuração com tipos.

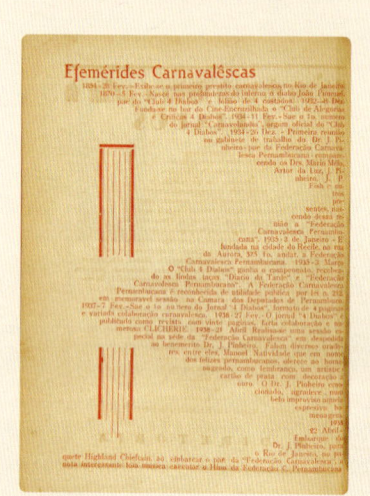

fig. 18

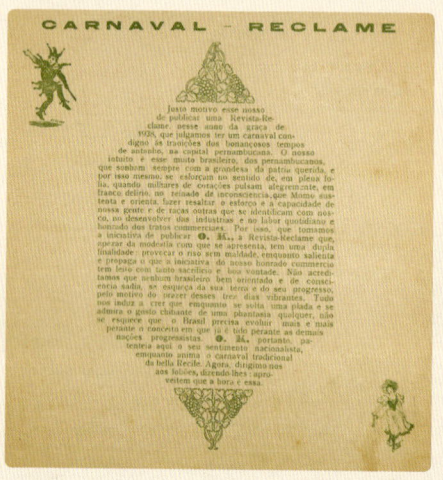

fig. 19

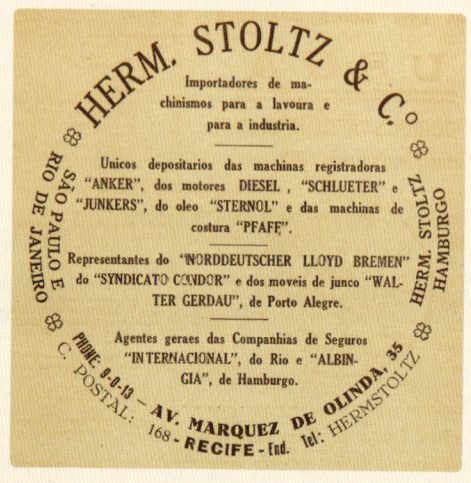

fig. 20

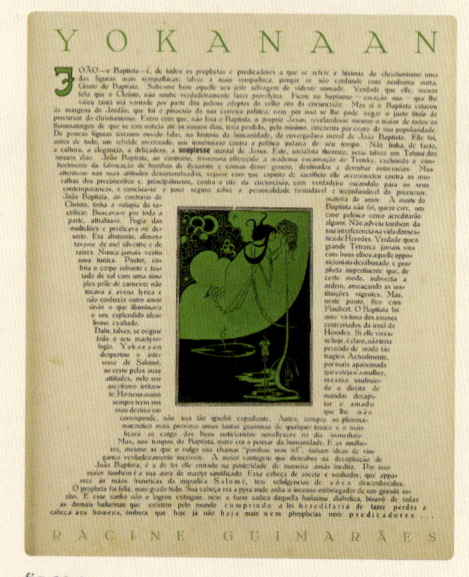

fig. 21, a

b

carta de apresentação

Leitor amigo: Esta é a revista que prometemos ao publico generoso de Morenos. TERRA DA GENTE é uma tentativa a mais que surge na cidade que se formou em redor de uma tosca chaminé de engenho de assucar e cresce hoje em torno de uma immensa chaminé de fabrica de tecidos. Como em toda parte, cançou tambem em Morenos a melancolia do verso a Casimiro de Abreu. A tyrannia da forma e do verso parnasiano. Cançou. Uma vontade doida de liberdade foi surgindo entre os nossos rapazes. Que não supportavam mais as obrigações officiaes da Poesia. Que não comprehendiam mais que fosse necessario rimar e medir para fazer verso. Cançou. De muitos desses rapazes sabemos que já começavam a bocejar sobre paginas consagradas de Olavo Bilac. E a lêr com verdadeiro carinho o senhor Manuel Bandeira e o senhor Mario de Andrade. Como em toda parte, havia aqui tambem a necessidade de um movimento de renovação literaria. Urgia uma revolução. E TERRA DA GENTE surge para realizal-a. Só precisando do carinho geral para ser uma verdadeira revista de arte dos nossos dias. Aqui está TERRA DA GENTE. Acolham-na com a sympathia a que ella tem direito.

fig. 22, a

A casinha branca da collina

Alli está a casinha branca da collina coberta de sapé. Alli desenrolou-se o meu pheito drama de amor. Na phase mais bonita da minha vida...

JARBAS

b

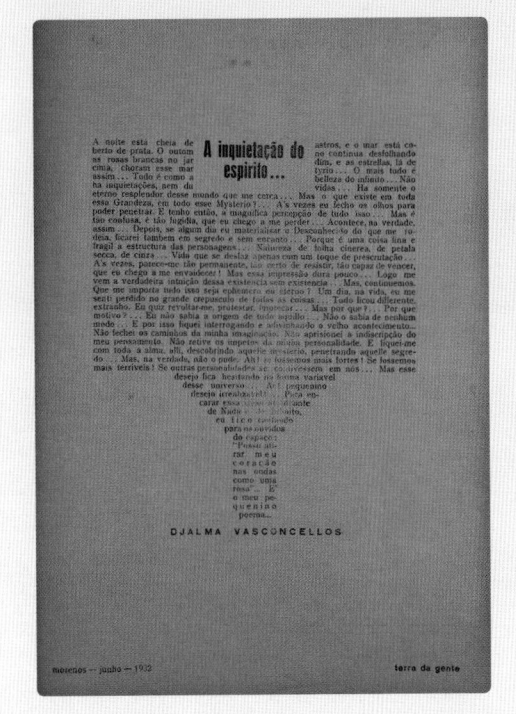

A inquietação do espirito...

DJALMA VASCONCELLOS

morenos — junho — 1932   terra da gente

c

Illusão de minha vida

DJALMA VASCONCELLOS

morenos — julho — 1932   terra da gente

d

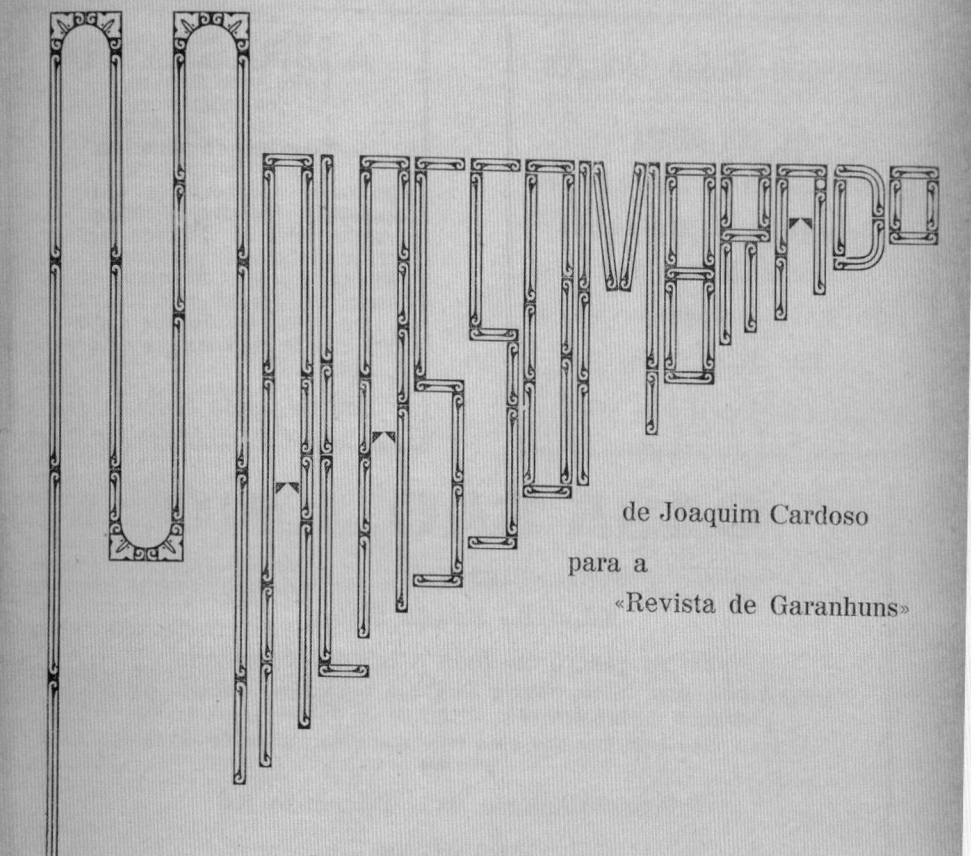

O MASSOMBRADO

de Joaquim Cardoso

para a

«Revista de Garanhuns»

Paredes altas núas planas desertas
as cortinas modulam formas de columnas longas
luz indirecta luz diabolica
tocavas no piano grande e negro harmonias transparentes
havia um ponto muito brilhante nas tuas mãos

Eu tive medo de ver a tua alma.

Recife, 1930

fig. 23, a

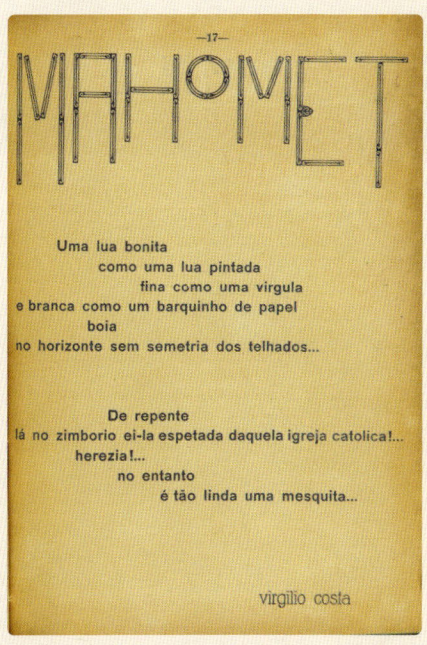

b

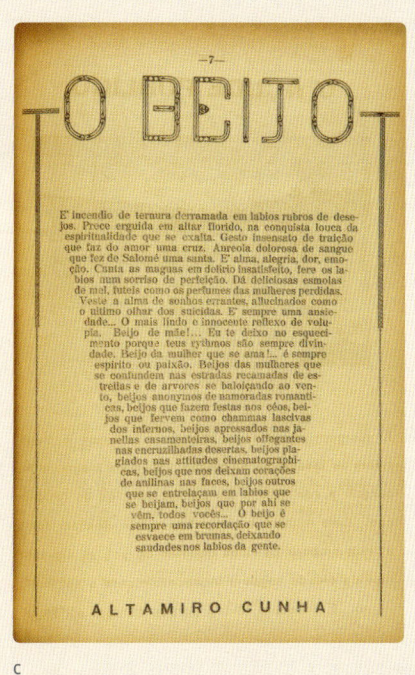

c

[Fig. 23, Revista de Garanhuns, 1930] Apesar da estética poder ser questionada, a iniciativa de desenhar títulos com o uso de elementos tipográficos ornamentais e fios é bastante inventiva. Particularmente em (c), as formas das letras são bem equilibradas. E em (d), o compositor não se limita aos títulos, mas constrói a própria ilustração com estes elementos.

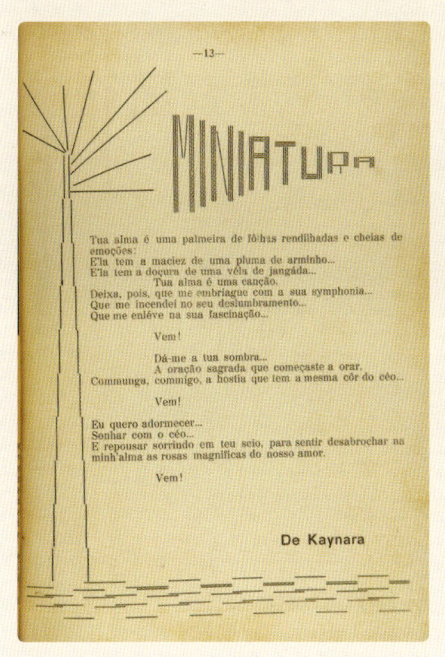

d

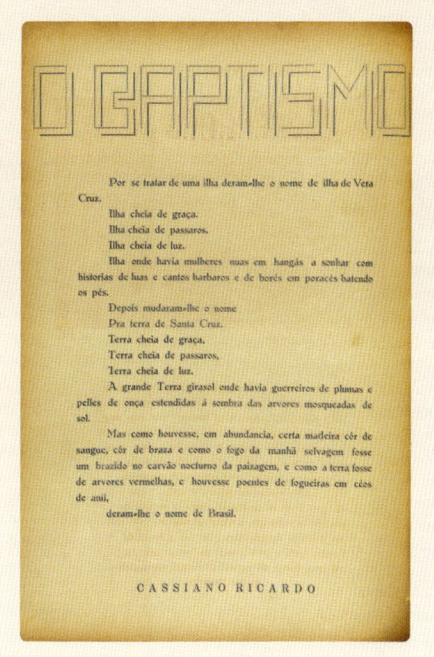

e

PROPAGANDAS

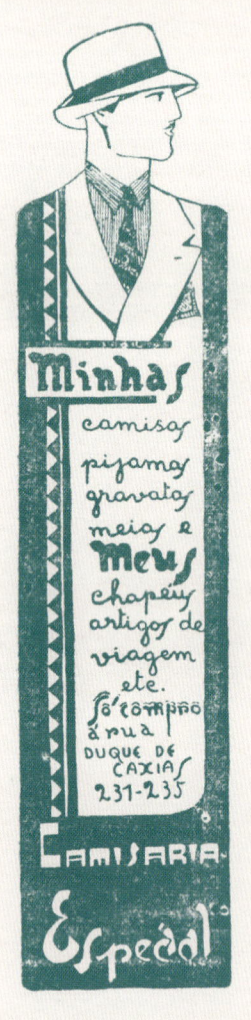

Em 1915, o artista gráfico Manoel Bandeira assume seu primeiro posto profissional na indústria gráfica local. Começa a trabalhar como desenhista na *The Propagandist*. Dirigida então por Franklin Silva Jardim[1], esta é mencionada como a precursora das agências de publicidade no Recife[2]. Em pesquisas recentes, a *The Propagandist* ainda é identificada como uma das casas litográficas atuantes no Recife na década de 1930[3].

Os espaços publicitários entre as matérias aparecem em todos os periódicos pesquisados. Segundo o anúncio encontrado na revista de carnaval *Olha a Curva* (1934), a *The Propagandist*, então com outro proprietário, teria naquele ano adquirido o maquinário da antiga *Litografia Brasileira*. Localizada na rua do Rangel, 154, a "empresa de publicidade e propaganda" estaria "reformando e ajustando todos os seus machinismos" e logo após o período carnavalesco já estaria apta a atender as demandas de "rótulos, cartazes e avulsos". Esta é uma das poucas evidências encontradas neste conjunto de anúncios que nos apontam caminhos sobre a atuação das empresas dedicadas à produção de artefatos gráficos no período pesquisado. Nos mostra por tabela a antiga e estreita relação entre a publicidade local e os meios de produção.

Esta seleção de anúncios também nos apresenta um panorama interessante sobre da memória da propaganda local. Imaginamos que, a partir deste, podem-se desdobrar pesquisas específicas sobre o cenário industrial e comercial do nosso estado, bem como olhares sobre memória das marcas e campanhas que marcaram a cultura local. Também são valorosas referências visuais, belas imagens e ilustrações de cunho realista feita para seduzir o leitor. Optamos por dividir as propagandas por produtos, para que possamos comparar e observar em cenários específicos a riqueza da produção de artes gráficas para cada setor.

Nas páginas dedicadas ao cinema, a presença de sua indústria em Pernambuco se faz presente, incluindo uma marca da Companhia Cinematográfica Vera Cruz. Há anúncios de automóveis com sua riqueza gráfica. As propagandas de comidas nos mostram muitas imagens de valor afetivo, como os anúncios dos saudosos refrigerantes Fratelli Vita. Em casos específicos, como nas revistas de carnaval, surgem com mais intensidade as propagandas de lança-perfume, bem como de bebidas. No mesmo conjunto, há uma série de anúncios pitorescos, como as composições do Elixir de Inhame e os Xaropes Bromil.

Ainda temos um grupo selecionado de propagandas de camisarias e confecções, e de móveis e eletrodomésticos, com composições para as Camas Patente e os rádios Cacique. É difícil precisar quais destas propagandas foram criadas e executadas por artistas gráficos locais, e quais matrizes foram trazidas de fora junto com os produtos. O mais importante, porém, é pensar sobre este conjunto como parte inerente de um processo de formação da cultura visual do estado. Elementos gráficos e ideias de consumo e comportamento que influenciaram a memória afetiva de gerações ao longo do tempo.

1. Eduardo Bezerra Cavalcanti, 1982.
2. Catálogo da Exposição Manoel Bandeira desenhos e pinturas, EMERENCIANO, 1967).
3. Agra Jr., 2011.

GILDA GRAY

NO
ROYAL
DIAS
22-23-24

UM FILM DE ARGUMENTO MYSTERIOSO, RICO DE ENSCENAÇÃO, PRIMOROSO PELA SUA DIRECÇÃO, SURPREHENDENTE PELAS DANSAS DE GLORIA, A BAILARINA IDEAL.

EM

CABARET

COM

Chester Conklin e Tom Moore

Um film da PARAMOUNT

Typ. DIARIO DA MANHÃ—Recife

[Fig. 1 (a, b, c), revista Illustração, 1928; Fig. 02. revista Rua Nova, 1926; Fig. 03. revista dos Municípios, 1926] Anúncios de filmes e das empresas Paramount, United Artists, UFA, Fox, e de uma certa Vera Cruz Film. A indústria do cinema registra sua presença nas propagandas, que datam dos anos de 1926 e 1928.

fig. 2

fig. 3

fig. 4

fig. 5, a

[Fig. 4, Revista de Pernambuco, 1925; Fig. 5, (a, b). revista Rua Nova, 1926; Fig. 6, Revista de Pernambuco, 1926; Fig. 7, revista Olha a Curva, 1934] Nestes anúncios nos chamam atenção à necessidade de se transmitir com fidelidade os detalhes dos automóveis. Apesar de já ser possível imprimir com um cliché fotográfico, se justificaria anunciar com desenho a traço talvez pela diferença de custos. O processo de reticulagem seria um recurso mais caro. Destaque para o anúncio das Oficinas Nash (Fig. 07), cujo recurso gráfico consistia de uma dobra sobre a página, único entre todos aqui presentes.

[Fig. 8, revista Electron, 1931; Fig. 9, revista Atlantica, 1936; Fig. 10 (a, b), revista Illustração, 1928; Fig. 11, revista Estadio, 1937; Fig. 12, revista A Lagartixa, 1920; Fig. 13, Revista Nação, 1936] A Fábrica Fratelli Vita comercializava Guaraná, agua tônica, gazosa sabor limão, e gelos em barra. As crianças abandonam os brinquedos pela Gazosa (fig. 8), a força e as origens amazônicas do índio se associam ao guaraná (fig. 10). E seu perfil se transforma no próprio letreiramento em que se escreve "Fratelli Vita" (fig. 9). A confiabilidade da marca se perpetua também pelo desenho fiel de seus rótulos (figs. 12 e 13) e da exposição de prêmios recebidos em exposições (fig. 11).

fig. 8

fig. 9

Este indio é formado por uma marca plenamente vitoriosa e seus principaes produtos

Beber GAZOSAS só de Fratelli-Vita!
Beber AGUA TONICA só de Fratelli-Vita!
Beber GUARANA' só de Fratelli-Vita!

E não esquecer que o GUARANA' Fratelli-Vita é o GUARANA' e que Fratelli-Vita vendem ainda este guaraná em extrato fluido, que sendo tomado ás gôtas é um otimo fortificante e estimulante intelectual de valôr incalculavel.

fig. 11

No Brasil Inteiro se Procura e se Bebem Productos

FRATELLI VITA

Os mais puros

Os mais saborosos

Os mais Hygienicos

«GUARANA' SECCO» FRATELLI VITA

GUARANA'

O mais saboroso refrigerante. O mais poderoso e o mais energico dos excitantes e reconstituintes do systhema nervoso.

Gelo Polar FRATELLI VITA

O mais consistente — Reduz a despesa das Geladeiras

Entrega a Domicilio PEDIDOS A FRATELLI VITA — Teleph. 2-0-2-4

GELO POLAR
Fratelli Vita
O mais hygienico, crystallino e puro
Phone 2024

UMA BEBIDA NACIONAL E REGIONAL!

Este é o verdadeiro Guaraná da minha terra!

...Não contem essencias nem corantes!!!

Refrigerante tonico e nutritivo, o Guaraná da "Amazonia" é uma bebida considérada de utilidade publica!!!

Seu paladar é agradabilissimo e seus effeitos medicinaes são verdadeiramente surprehendentes!!!

Fabrica em Pernambuco-Rua da Defenção, N. 283
TELEPHONE N. 6427 — RECIFE

Guaraná

A bebida mais popular

Exigir a de

Fratelli Vita

Distingue-se facilmente

Pelo paladar

PROCUREM

Em toda parte

Gazozas

somente de Fratelli Vita

fig. 12

Um Trio Que Se Recomenda

Guaraná -- Agua Tonica -- Gazosa

FRATELLI VITA

fig. 13

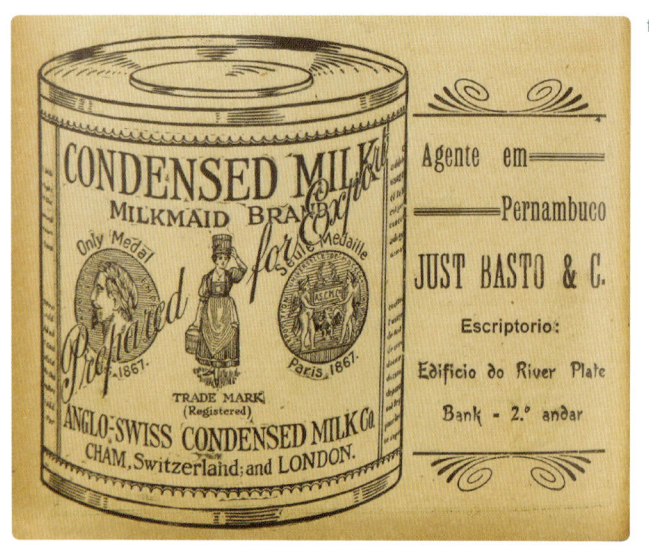

fig. 14

fig. 15, a

fig. 16

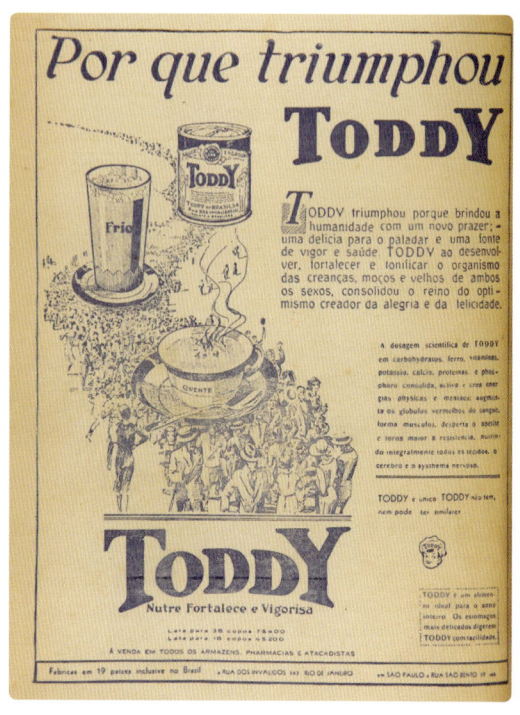

b

fig. 17

fig. 18, a

b

[Fig. 14, Revista Vida Moderna, 1920; Fig. 15 (a, b, c), Revista Olha a Curva, 1934; Fig. 16, Revista Faustina, 1938; Fig. 17, Revista Fanfarra, 1935; Fig, 18 (a, b). Revista Mauricéa, 1936] Os clássicos Toddy (Fig. 15 b), Nescau (Fig. 15 a) e o ainda denominado "Condensed Milk" (Fig. 14), direto de nossas lembranças. Por outro lado, nos apresentam o Açúcar Amorfo (Fig. 18 a) e a Moinho Recife (Figs. 15 c, 17, 18 b) e sua variedade de propagandas nos sugerindo a atividade pujante desta companhia, cujo produto e as instalações ganham destaque. Ainda conhecemos a Manteiga Iracema (Fig. 16), produto mineiro cuja rica ilustração é finalizada em matriz reticulada, com composição que valoriza o letreiramento de sua marca, em harmonia com a ilustração de uma bela moça fantasiada de índia.

c

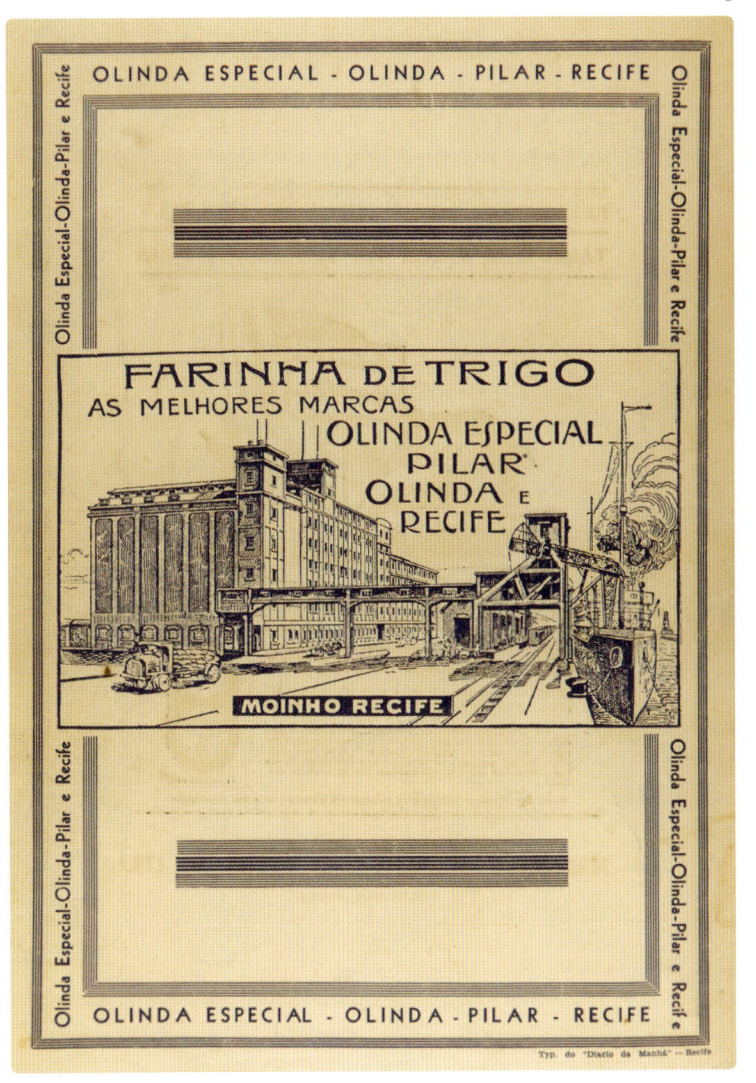

fig. 19

fig. 21

fig. 20

[Fig. 19, Revista Lingua de Sogra, 1947; Fig. 20, Revista O Brasil, 1937; Fig. 21, Revista Pernambuco 1938] Os anúncios das Fábricas Peixe são sem dúvida alguns dos mais requintados e interessantes, tanto pelos recursos que utilizam como pelas soluções de composição encontradas. A figura alegre e próspera do peixe é quase uma constante, seja com uma ideia de movimento, sorrindo, ou inserido na embalagem. A qualidade, variedade e originalidade de suas propagandas nos leva a crer que havia uma clara noção da importância em se investir na imagem da marca.

fig. 22

fig. 23

[Fig. 22, Revista de Pernambuco, 1925; Fig. 23, Revista Cidade Mauricéa, 1939] Nos dois anúncios de café encontrados, temos composições que nos remetem a rótulos. Proposições gráficas que nos inspiram qualidade, ao mesmo tempo que descrevem sua procedência. Detalhe para o Café Cruzeiro (Fig. 23), que traz na marca elementos da identidade nacional na representação do Cruzeiro do Sul.

[Fig. 24, Revista Mauricéa, 1936] A composição da propaganda dos Biscoitos Nanette, em desenho a traço e volumetrias em pontilhismo, nos apresenta uma jovem sorridente e de olhar contemplativo, com um cenário de praia e diversão em segundo plano. A figura feminina, recorrente em outros segmentos, emana de seu olhar recatado algo como uma alegria plácida, ausente de malícias.

fig. 24

fig. 25

[Fig. 25, Revista A Lagartixa, 1920; Fig. 26, Revista Vida Moderna, 1920] Os anúncios desta página nos atestam a existência de produção cervejeira local nos anos 1920 no Recife. Na composição maior (fig. 25), veiculada na Revista de Carnaval *A Lagartixa* (1920), vemos uma propaganda institucional, com a representação de suas instalações amparando belos letreiramentos.

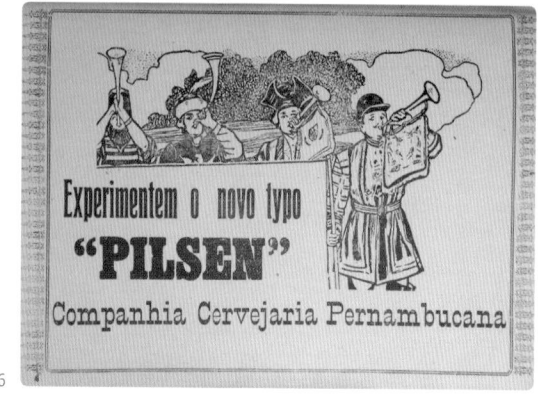

fig. 26

fig. 27

fig. 28

fig. 29

[Fig. 27, Revista Vida Estadio, 1937; Fig. 28, Revista O Brasil, 1937; Fig. 29, Revista Mauricéa, 1936] A figura masculina assume a frente das propagandas de bebidas. Com sorrisos bonachões, o homem detém o costume de beber a cerveja da marca Antarctica (fig. 27) e o vinho Imperial (fig. 29). Nos salta aos olhos a similitude dos dois layouts, em que a figura humana e a marca da empresa se posicionam à direita e ao meio, ao passo que os letreiramentos se harmonizam acima, no meio (à esquerda) e abaixo. Destaque também para a qualidade da representação dos rótulos e da garrafa da cerveja Malzbier (fig. 28).

fig. 30, a

b

c

d

[Fig. 30 (a, b, c, d), *Revista Vida Moderna*, 1920] Eis os interessantíssimos anúncios do Elixir de Inhame, nos quais vemos mais uma vez a predominância da figura masculina. Conceitos de força e juventude se representam pelo homem forte (d) e pela criança na corcunda do velho (c). A confiabilidade do produto se expressa na composição de imagens fotográficas (a), em que o rótulo também é apresentado. Com letreiramento em perspectiva inserido num ambiente agradável de uma praia, as letras menores afirmam ser "tão saboroso como qualquer licor de mesa" (b). Aqui também percebemos a riqueza de recursos gráficos com o uso frequente de duas cores, bons desenhos a traço e a interação com imagens fotográficas.

[Fig. 31 (a, b, c, d), *Revista Vida Moderna*, 1920] Produto de finalidade próxima ao grupo da página ao lado, o conhecido Xapore Bromil surge com composições mais leves em que o mesmo letreiramento se repete em todos os anúncios. Estes exploram temas variados, que vão da figura de um certo alquimista, a uma cena de garças disputando um frasco de xarope com um peixe.

fig. 31, a

b

c

d

[Fig. 32 (a, b, c, d), Revista de Pernambuco, 1925 e 1926]
Os anúncios dos produtos Bayer Cafiaspirina, Bayaspirina e Phenaspirina nos apresentam formatos de composição de página que valorizam pequenas narrativas. Em alguns casos, nos lembram a lógica dos quadrinhos, com uma sequência de leitura e suas relações entre a imagem e o texto.

fig. 32, a

b

c
d

fig. 33

fig. 34

fig. 35

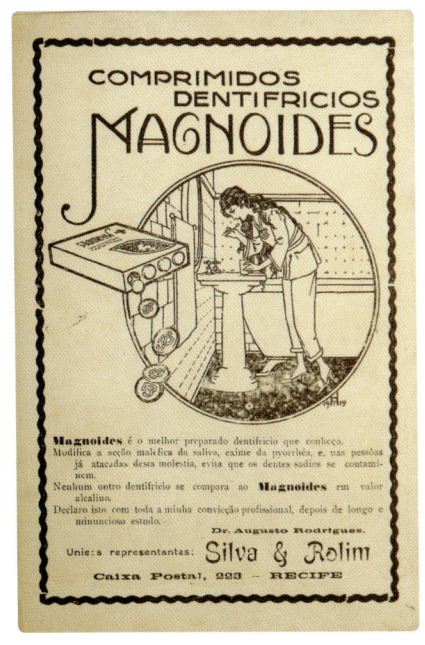

fig. 36

fig. 37

fig. 38

[Fig. 33, Revista OK, 1938; Fig. 34, Revista de Pernambuco, 1925; Fig. 35, Revista o Mascarado, 1934; Fig. 36, Revista Vida Moderna, 1920; Fig. 37, Revista o Mascarado, 1934; Fig. 38, Revista Fanfarra, 1935] Encontramos neste grupo uma variedade de letreiramentos. Entre o Eucalol, Guaraton, Nutrion e os comprimidos dentifrícios Magnoides, há ainda o sabonete Limol, cujo L é suporte para a cena de uma silhueta feminina sob um chuveiro.

fig. 39

fig. 40

fig. 41

104

[Fig. 39. Revista de Pernambuco, 1925; Fig. 40. Revista Evohé, 1931; Fig. 41. Revista Faustina, 1938] Predominantes nas revistas de Carnaval, os anúncios de lança-perfume Rodo surgem entre as décadas de 1920 e 1930. O estilo Arte Nouveau predomina, em que mulheres de sensualidade patente ora fazem uso do produto, ora interagem com figuras masculinas (Figs. 39, 40). Propagandas de menor formato e bem mais simples exploram pequenas máscaras, em que se lê também a chegada da novidade do Rodo metálico de ouro (Fig. 41).

[Fig. 42 (a, b). Revista Pernambuco, 1938; Fig. 43. Revista O Brasil, 1937; Fig. 44. Revista Nação, 1936; Fig. 45. Revista Cidade Mauricéa, 1939] Dos reclames de cigarro encontrados, todos são da segunda metade da década de 1930. E da mesma empresa, a companhia Souza Cruz. Os rótulos Continental (Fig. 42 a), Astoria (Fig. 43), Odalisca (Fig. 45), Regencia (Fig. 44) e Selma (Fig. 42 b) surgem em revistas distintas. As ilustrações variam entre traços com semitons que exigem reticulagem e o mais básico desenho de perspectiva com traços de mesma espessura. A variação no requinte e qualidade das composições nos sugere uma certa escala de valores em que os produtos se posicionam.

fig. 43

fig. 44

fig. 45

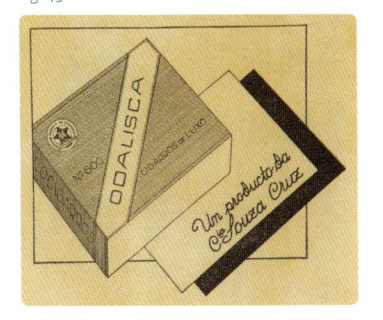

fig. 42, a

b

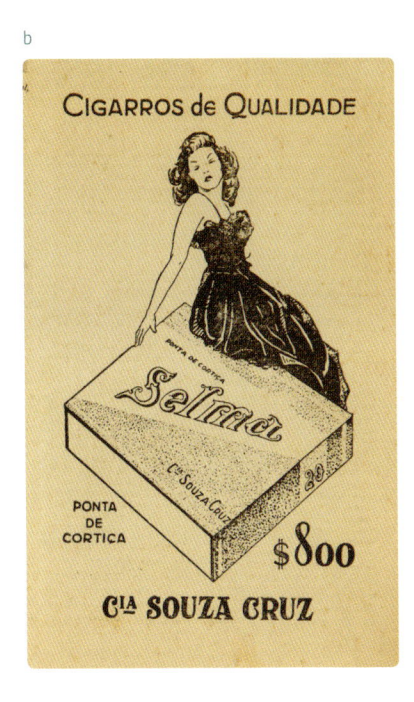

fig. 46

fig. 50

O Japão em Pernambuco

A casa mais popular de Pernambuco

Enfeites para salas e sa-
lões:

Balões, Sombrinhas,
Bandeirinhas de sêda, Correntes de papel, Cordões,
Papel de sêda, crepe, etc.,
etc.

BRINQUEDOS

Porcelana japoneza
Objectos artisticos para
presentes

Leques japonezes
Rua Diario de Pernambuco n.º 123
RECIFE

fig. 49

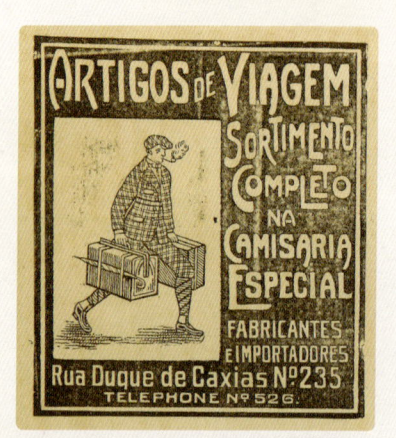

fig. 47

fig. 48

fig. 51

fig. 52

fig. 53

fig. 54

fig. 55

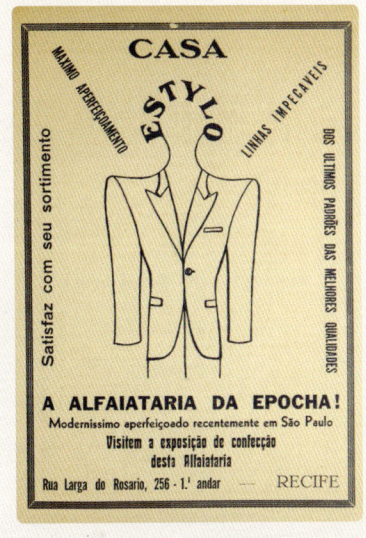

fig. 56

[Fig. 46, Revista O Brasil, 1937; Fig. 47. Revista de Pernambuco, 1924; Fig. 48, Revista de Pernambuco, 1925; Fig. 49, Revista Evohé, 1931; Fig. 50, Revista Olha a Curva, 1934; Fig. 51, Revista Mauricéa, 1936; Fig. 52, Revista Illustração, 1928; Fig. 53, Revista Cidade Mauricéa, 1939; Fig. 54, Revista Mauricéa, 1936; Fig. 55, Revista Faustina, 1938; Fig. 56, Revista Mauricéa, 1936] Dos grupos selecionados, as ideias desenvolvidas para as propagandas da Camisaria Especial Figs. 46, 47, 48) e Casa Costa Campos (Fig. 50) têm em comum estilos de traço não tão precisos e letreiramentos pouco regulares. A Casa Estylo (Fig. 56) vai além e propõe formas a partir de letras. O desenho de moda e a representação descritiva de temas como a família, a gueixa, a fachada da loja e o produto, também têm seu espaço entre os letreiramentos.

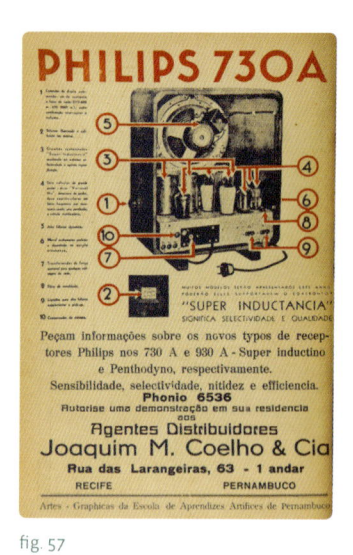

fig. 57

fig. 58

Figs. 57, 58. Revista Electron, 1931; Fig. 59. Revista Faustina, 1938; Fig. 60. Revista Atlantida, 1936. Assim como as imagens de automóveis, os equipamentos de rádio são descritos com riqueza de detalhes. Imagina-se que algumas de suas matrizes de impressão exigiram o recurso da retícula para representar os detalhes da vista de um rádio aberto (Fig. 57), bem como do layout do "Console Mundial" entre dois globos (fig. 58). Os Rádios Cacique (Fig. 60) transmitem com perfeição de detalhes a narrativa composta por um índio americano, que observa de cima três personagens caírem em uma armadilha.

fig. 59

fig. 60

fig. 61

fig. 62

fig. 63

[Fig. 61, Revista Fanfarra, 1935; Fig. 62, Revista O Brasil, 1937; Fig. 63, Revista Electron, 1931; Fig. 64, Revista Mauricéa, 1936] Neste grupo de eletrodomésticos, vemos os produtos representados em propagandas da Siemens para secadores e ventiladores (Figs. 62, 63), e Dako e General Electric para fogões e refrigeradores (Figs. 61, 64). Além de mostrar os produtos com riqueza de detalhes assim como os automóveis e os rádios, estes evidenciam com predominância a figura da mulher. Inclusive com a representação de um nu de perfil, em que se sugere "um banho delicioso por 40 réis".

fig. 64

fig. 65

fig. 66

[Fig. 65, Revista Máscaras, 1938; Fig. 66, Revista Mário Melo no Frevo, 1937] O belo e colorido anúncio da IPAM estampou a página de uma revista de carnaval de 1938 (Fig. 65). A metalúrgica pernambucana apresentou seus produtos com riqueza de cores e ilustrações muito boas, num layout bem resolvido. No ano de 1937, as máquinas Remington estamparam propaganda em que já se diz ser melhor do mundo o carnaval de Pernambuco (Fig. 66). A analogia termina por compor uma ilustração em que a máquina se ampara sobre o globo terrestre. Os letreiramentos tanto apresentam o argumento como dão certo suporte ao conjunto.

fig. 67

fig. 68

fig. 69

[Fig. 67, Revista Mauricéa, 1936; Fig. 68, Revista Evohé, 1931; Fig. 69, Revista Mauricéa, 1936] Entre as propagandas de móveis, encontramos as propagandas das camas Patente (Figs. 67, 68), ricas de detalhes e formas. Em uma divulgação institucional, o selo é estendido para fora da moldura por uma figura masculina de torso nu. Interessante observar o selo, em que o nome "Cama Patente" é inscrito na área vazia do espelho da cama. Detalhe do design que se tornou marca registrada. As casas Laubisch Hirth (Fig. 69) nos mostram um layout interessante em que manchas pretas e claras dividem o espaço de forma geométrica.

O MELHOR SUBSTITUTO DO LEITE! O MAIS BARATO E MAIS DURAVEL!

HA DIFFICULDADE EM OBTER BOM LEITE NECESSARIO PARA OS VOSSOS DOENTES E CONVALESCENTES

Entrae na primeira Mercearia e adquirie uma lata das afamadas

BOLACHINHAS SERTANEJAS

MANIPULADAS COM VERDADEIRO ESCRUPULO COM LEITE PURO E FORTE DAS VACCARIAS DE SÃO BENTO BOM SERTÃO PERNAMBUCANO, PURAS GEMAS DE OVOS RIGOROSAMENTE FRESCOS E TRIGO ESCOLHIDO, NÃO CONTEM BANHA, CONSTITUINDO UM ALIMENTO MUITO NUTRITIVO E A DELICIA DO PALADAR MAIS EXIGENTE.

E' NUMEROSA A LISTA DOS MEDICOS DE RECONHECIDA COMPETENCIA QUE RECOMMENDAM COM OS MELHORES RESULTADOS PARA A ALIMENTAÇÃO DOS DOENTES E CONVALESCENTES.

Casa de Banhos do Recife

Construida sobre os arrecifes que separam do mar as correntes do Capibaribe, é, por sua situação, o mais original e aprasivel estabelecimento da America do Sul.

Servida por tres vastas piscinas, duas apropriadas aos banhos de resaca e, a ultima, a exercicios de natação, a Casa de Banhos offerece a maior segurança, sendo, por isso, o ponto de predilecção dos nossos banhistas.

REFERÊNCIAS BIBLIOGRÁFICAS

MAGNO, Luciano. *História da Caricatura Brasileira, os precursores e a consolidação da caricatura no Brasil*. Gala edições e Arte Ltda. Rio de Janeiro, 2012.

AGRA JR., Jarbas. *Memória Gráfica Pernambucana: indústria e comércio através dos impressos litográficos comerciais recifenses [1930-1965]*. Recife, 2011. Dissertação (Mestrado em Design) - Universidade Federal de Pernambuco – Recife, UFPE, 2011.

BARRETO CAMPELLO, Silvio (Org.); ARAGÃO, Isabella Ribeiro (Org.). *Imagens comerciais de Pernambuco: ensaios sobre os efêmeros da Guaianases*. 1. ed. Recife: Néctar, 2011. v. 1. 120 p.

BRUSKY, Paulo et al. *Vicente do Rego Monteiro: poeta, tipógrafo, pintor*. Recife: Cepe, 2004. 556p.

CARDOSO, Rafael (Org.). *O design brasileiro antes do design: aspectos da história gráfica, 1870-1960*. 2.ed. São Paulo: Cosac Naify, 2005.

CARDOSO, Rafael (Org.). *Impresso no Brasil, 1808 – 1930: Destaques da história gráfica no acervo da Biblioteca Nacional*. Rio de Janeiro: Verso Brasil, 2009. 177p.

CAVALCANTE, Sebastião Antunes. *O Design de Manoel Bandeira: Aspectos da memória gráfica de Pernambuco*. Recife, 2012. Dissertação (Mestrado em Design) - Universidade Federal de Pernambuco – Recife, UFPE, 2012.

CAVALCANTI, Eduardo Bezerra. *Manoel Bandeira: desenhos e pinturas*. Recife: Fundação Joaquim Nabuco, 1982.

CORD, Marcelo Mac. *Andaimes, casacas, tijolos e livros: uma Associação de Artífices no Recife, 1836 – 1880*. Campinas, 2009, 377f. Tese (Doutorado em História Social) - Universidade Estadual de Campinas - UNICAMP, Campinas, 2009.

CUNHA LIMA, Edna Lucia Oliveira. *Cinco Décadas de Litografia Comercial no Recife: Por Uma História das Marcas de Cigarro Registradas em Pernambuco, 1875-1924*. Dissertação (Mestrado em Design) - PUC-Rio, 1998.

CUNHA LIMA, Edna Lucia Oliveira. *Da loura alemã à morena brasileira. Anúncios de cerveja, consumo e identidade nacional*. Tese (Doutorado em Comunicação) - UFRJ, 2003.

CUNHA LIMA, Guilherme. *O gráfico amador: as origens da moderna tipografia brasileira*. Rio de Janeiro: Editora UFRJ, 1997.

PAULA, Ademar Antônio de.; CARRAMILLO NETO, Mário. *Artes Gráficas no Brasil: Registros 1746 - 1941*. São Paulo: Laserprint, 1989. 168p.

FERREIRA, Orlando da Costa. *Imagem e Letra: introdução à Bibliologia Brasileira: A Imagem Gravada*. 2.ed. São Paulo: EDUSP, 1994.

[Fig. 1, Revista de Pernambuco, 1925]

HERKENHOFF, Paulo (Org.). *Pernambuco - Moderno*. Recife: Instituto Cultural Bandepe, 2006. 132p.

LEITE, João de Souza. *A herança do olhar: o design de Aloísio Magalhães*. Rio de Janeiro: Artviva, 2003. 280p.

LIMA, Rafael Leite Efrem. *Estética moderna do Design pernambucano: Lula Cardoso Ayres*. Recife, 2011, 131f. Dissertação. (Mestrado em Design) Universidade Federal de Pernambuco – Recife, UFPE, 2011.

NASCIMENTO, Luiz do. *História da Imprensa de Pernambuco (1821-1954)*. Recife: Imprensa Universitária/UFPE, 1966/2002.

SOBRAL, Julieta. *O desenhista Invisível*. Rio de Janeiro: Folha Seca, 2007.

SOUZA, Rodrigues. *O grupo dos Independentes: Arte moderna no Recife – 1930*. Recife: Editora da Autora, 2008.

TWYMAN, Michael. *The british library guide to printing: history and techniques*. Toronto, Ontario, Canada: University of Toronto Press,1999.

WEBER, Angela Tavora. *Moser: um artista alemão no Nordeste*. Recife: Pool Editorial S/A, 1987.

CUNHA LIMA, Guilherme. Pioneers of Brazilian Modern Design. In: IV European Academy of Design Conference, 4., Aveiro, Portugal, 2001. *Anais of Conference Proceedings, 4th European Academy of Design*. Aveiro, Portugal: EAD/Universidade do Aveiro, 2001.

FARIAS, Priscila Lena et al. (Ed.). Design frontiers: territories, concepts, technologies. In: VIII Conference of the International Committee for Design History & Design Studies, 8., São Paulo: Blucher, 2012. (e-book).

FINIZOLA, Fátima; COUTINHO, Solange; CAVALCANTI, Virgínia. Vernacular design: A Discussion on its Concept. In: VIII Conference of the International Committee for Design History & Design Studies, 8., São Paulo, 2012. *Anais of Design frontiers: territories, concepts, technologies*. São Paulo: Blucher, 2012.

CAVALCANTE, Sebastião Antunes; LIMA, Clara; CAMPELLO, Silvio Barreto; QUEIROZ, Malthus Oliveira. The presence of the autotype technique in the weekly Cri-Cri s graphic design project: traces of the graphic memory in the Brazilian state of Pernambuco. In: VIII Conference of the International Committee for Design History & Design Studies, 8., São Paulo, 2012. *Anais of Design frontiers: territories, concepts, technologies*. São Paulo: Blucher, 2012.

BACIC, Lucas; BASTOS, Luiza; CAVALCANTE, Sebastião Antunes ; QUEIROZ, Malthus Oliveira ; CAMPELLO, Silvio Barreto. Dutch maps of Pernambuco from the seventh century: the technique and the metafunctions of the graphical language. In: VIII Conference of the International Committee for Design History & Design Studies, 8., São Paulo, 2012. *Anais of Design frontiers: territories, concepts, technologies*. São Paulo: Blucher, 2012.

CAVALCANTE, Sebastião; CAMPELLO, Silvio Barreto. The design of Manoel Bandeira: a historical view of periodicals in the the 1930's in Pernambuco. In: VIII Conference of the International Committee for Design History & Design Studies, 8., São Paulo, 2012. *Anais of Design frontiers: territories, concepts, technologies*. São Paulo: Blucher, 2012.

[Fig. 2, Revista A Exposição, 1887]

LITHOGRAPHIA

A RUA DAS LARANGEIRAS Nº 18 1º ANDAR

ENCARREGA-SE

DE

QUALQUER TRABALHO LITHOGRAPHICO, COMO SEJA:

CONHECIMENTOS, CIRCULARES, DIPLOMAS, ROTULOS, FACTURAS, DESPACHOS, ETIQUETAS, MUSICAS, BILHETES, CARTÕES DE VISITA, RETRATOS, CARTAZES, ETC, ETC.

Rodolpho Lima & Cª

PERNAMBUCO

DIRECTORES·ARTISTICOS
GUAPY E PIERRE

REVISTA·MODERNA.

MAGAZINE·SEMANARIO·ILLUSTRADO

Esta publicação foi composta pela fonte *Mauricéa*, de Matheus Barbosa, para os títulos; *Vista Sans*, de Xavier Dupré, e *Joanna*, de Eric Gill, para demais subtítulos e texto. Com encadernação de cola PUR, as 116 páginas do miolo foram impressas em tecnologia offset sobre o papel Couché Fosco L2 90g/m², e no papel Cartão Duo Design 250g com laminação fosca na capa. Cuidados gráficos realizados pela equipe da Gráfica FacForm.